高永立 編著

寺院奇觀

獨特文化底蘊的名剎

峨山只是中國著名佛教眾剎中心一大分支，1500多年以來，唐代著名詩人張祜有「一塔孤高聳出天，半天鐘磬到維船」的名句，你將為山方名刹名楊天下，而空中樓閣「空中閣懸在佛」，迎接著在佛構成，「三教合一」的別具一格，也是中國古代建築的結翠體現。大同雲岡的唐代著名佛人驚嘆不多漂之處。始建在汕頭獨特的四大名山夫，在古被譽為一神州第一孝勝」，潮州西導淮山，因其藏依久的寺院工，身中國佛教院工一身中國佛教育工之士與文佛道，寶剎是未知其所由始鎮塔……

法堂

崧燁文化

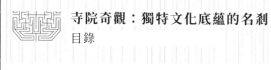

目錄

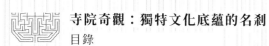

序言

文化是民族的血脈，是人民的精神家園。

博大精深的中華優秀傳統文化，讓我們能在世界文化的激盪中站穩腳跟。中華文化源遠流長，積澱著中華民族最深層的精神追求，代表著中華民族獨特的精神標識，為中華民族生生不息、發展壯大提供了豐厚滋養。我們要認識中華文化的獨特創造、價值理念、鮮明特色，增強文化自信和價值自信。

面對世界各國形形色色的文化現象，面對各種令人眼花撩亂的現代傳媒，要堅持文化自信，古為今用、洋為中用、推陳出新，有鑑別地對待，有揚棄地繼承，傳承和昇華中華優秀傳統文化，增強國家文化軟實力。

浩浩歷史長河，熊熊文明薪火，中華文化源遠流長，滾滾黃河、滔滔長江，是最直接源頭，這兩大文化浪濤經過千百年洗禮和不斷交流、融合以及沉澱，最終形成了求同存異、兼收並蓄的輝煌燦爛中華文明，也是世界上唯一綿延不絕、從未中斷的古老文化，且始終充滿了生機與活力。

中華文化曾是東方文化搖籃，也是推動世界文明不斷前行的動力之一。早在五百年前，中華文化的四大發明催生了歐洲文藝復興運動和地理大發現。中國四大發明先後傳到西方，對於促進西方工業社會發展，有著巨大的影響。

中華文化的力量，已經深深熔鑄到我們的生命力、創造力和凝聚力中，是我們民族的基因。中華民族的精神，也已深深植根於綿延數千年的優秀文化傳統之中，是我們的精神家園。

總之，中華文化博大精深，是中華各族人民五千年來創造、傳承下來物質文明和精神文明的總和，其內容包羅萬象，浩若星漢，具有很強文化縱深，蘊含豐富寶藏。我們要實現中華文化偉大復興，首先要站在傳統文化前沿，薪火相傳，弘揚五千年來優秀的、光明的、先進的、科學的、文明的和自豪的文化現象，融合古今中外一切文化精華，構建具有中華文化特色的現代民族文化，向世界和未來展示中華民族的文化力量、文化價值、文化形態與文化風采。

為此，在相關專家指導下，我們整理了大量的古今資料和最新的研究成果，特別編撰了本套大型書系。包括獨具特色的語言文字、浩如煙海的文化典籍、名揚世界的科技工藝、異彩紛呈的文學藝術、充滿智慧的中國哲學、完備而深刻的倫理道德、古風古韻的建築遺存、深具內涵的自然名勝、悠久傳承的歷史文明，還有各具特色又相互交融的地域文化和民族文化等，充分顯示了中華民族深厚的文化底蘊和強大的民族凝聚力，具有極強系統性、廣博性和規模性。

　　本套書系的特點是全景展現，縱橫捭闔，採取說故事的方式敘述，語言通俗，明白曉暢，圖文並茂，形象直觀，古風古韻，格調高雅，具有很強的可讀性、欣賞性、知識性和延伸性，能夠讓廣大讀者全面觸摸，感受中華文化的豐富內涵。

肖東發

姑蘇古剎　寒山寺

寒山寺位於蘇州城西閶門外，風景秀麗的楓橋鎮，是中國著名的佛教活動中心。寺院建於公元五〇二至五一九年，就是六朝時期的梁代，距今已有一千五百多年歷史。寒山寺古稱楓橋寺，舊名「妙利普明塔院」，傳說因唐代名僧寒山和拾得來寺院當住持，後來寺院名稱被改為寒山寺。

佛教是最早的世界性宗教，距今三千多年，在東漢明帝時經絲路正式傳入中國。佛教來自印度，又在中國發展成熟，吸收與豐富了中國傳統文化，文化內涵博大精深。

▌和合二仙留下動人傳說

寒山寺坐落在蘇州古城西閶門外的古運河畔，鄰近楓橋，曾被稱為楓橋寺。它坐東朝西，門對古運河，舊臨古驛道，附近就是楓橋和鐵嶺關，往北幾公里是有名的滸墅關。如畫的景緻，散發著悠悠古韻。

■梁武帝（公元四六四年至五四九年），梁朝的開國皇帝，著名的政治家和文學家，史稱梁武帝。他不好酒色，提倡節儉，以正人君子的標準約束自己。

寒山寺相傳始建於公元五〇二年到五一九年之間，就是梁武帝在位時期，當時的寺名叫「妙利普明塔院」，後來由唐代高僧希遷定名為「寒山寺」。

千百年來，有關「寒山寺」名稱由來的傳說廣為流傳，在民間主要有四種說法：

■寒山寺照壁

傳說，在唐太宗貞觀年間，有兩位感情要好的青年，一個叫寒山，一個叫拾得。寒山的父母曾為他訂了一門親事，姑娘家住青山灣；然而，這位姑娘早已和拾得互生愛慕。

在一個偶然的機會，寒山知道事情真相後，決定成全拾得的婚事，自己則準備離開家鄉，遁入空門，來到蘇州的妙利普明塔院開始出家修行。

佛教以觀察諸法「空性」作為入道的法門，故稱「空門」。佛教認為一切事物從因緣相待而生，沒有固定不變的自性，虛幻不實，所以稱為「空」。而修行就是為了自身實現佛陀體驗的境界，從而專心的精研修養，並發展成詳細的戒律條文、生活規範。佛教也將修行的人叫做行者。

半個月過去了，拾得未見寒山，便來到寒山家中，抬頭見門上留有一封寒山留給自己的書信。把書信拆開後方才得知，寒山勸他及早與姑娘成婚，並衷心祝福他們幸福美滿。

讀罷書信，拾得這才明白寒山出走的真正原因，深感對不起寒山。他思前想後，最後決定離開姑娘，前往蘇州尋覓寒山，決意皈依佛門。

■和合二仙塑像

拾得打點行裝，第二天就動身前往蘇州。時值盛夏，路旁的池塘正盛開著鮮豔的荷花，拾得頓覺心曠神怡，一掃多日來心中的煩悶，於是順手摘了一支荷花帶在身邊，以圖吉利。

經過長途跋涉，拾得終於在蘇州城外找到了寒山，而他手中的那支荷花依然鮮豔芬芳。

寒山見拾得不期而至，心中大為驚喜，連忙雙手捧著盛有素齋的篋盒出門迎接拾得。久別重逢，倆人都十分開心。

正果佛教語。修道有所證悟，可稱之為證果。言其修行成功，學佛證得之果，與外道之盲修瞎煉而所得有正邪之分，因此稱之為正果。在佛教學說上，經歷重重貪、嗔、痴等方面的考驗以及災劫磨難，最終領悟佛法的深奧，面對誘惑心不動，面對威脅從善之心不改，可稱之為「修成正果」。

從此之後，兩人一起修行。後來，傳說中的「和合二仙」就是寒山和拾得，拾得手持荷花，寒山手捧篦盒。當然，他們手持的物品，件件都有講究。那荷花是並蒂蓮的意思，盒子是象徵「好合」的意思，意為「和諧合好」。

寒山和拾得這兩位高僧，於唐代貞觀年間在妙利普明塔院任住持，後唐代高僧希遷便將「妙利普明塔院」改名為「寒山寺」。

姑蘇城外的寒山寺就是「和合二仙」終成正果的地方，因此，後來在寒拾殿中就一直供奉著寒山和拾得的精美木雕金身雕像。

在中國民間，人們十分珍視「和合二仙」情同手足的情意，便把他倆推崇為和睦友愛的民間愛神。

還有說寒山本是唐代長安人，出身於官宦人家，他多次投考落榜，才被迫出家。寒山三十歲後隱居在浙東的天台山，享壽一百多歲。

又有說寒山是隋文帝的弟弟楊瓚之子楊溫，因遭受朝廷官員的妒忌與排擠，以及受佛教思想的影響而遁入空門，隱於天台山寒岩；後來，寒山來到了寒山寺的前身普明塔院任住持，不久，拾得也來到寒岩修行，寒山與拾得便成為了好朋友。

話說在寒山寺建寺之始，便鑄有一口大鐘。鐘聲高亢洪亮，當夜深人靜時，幾公里外的蘇州城內也隱約可聞。

■寒拾殿

■寒山寺大鐘

　　有一年夏天，洪水泛濫，把寒山寺的大鐘沖到了河邊，拾得到河邊搬運大鐘時，被水衝向遠方。後來，他連同那口鐘一起漂到了日本，在日本創建了拾得寺。

寒山因思念拾得，又重新鑄了一口大鐘，懸掛在寒山寺的鐘亭。據《寒山寺志》記載，寒山所鑄造的這口大鐘：

「冶煉超精，雲雷奇石，波礫飛動，捫之有棱。」

寒山和拾得長期在普明塔院修行，因此他們在佛學和文學上的造詣都很深，時常一起吟詩答對。後人曾將他們的詩彙編成《寒山子集》三卷。

佛學即佛法之學，是指對釋迦牟尼佛陀學說的研究，主要集中在對佛教經典的整理與註疏上。有時等同於佛教研究，但通常使用在較傳統的研究方法上。在不同的佛教傳統研究中，往往產生許多不同的學派，近代中國著名的佛學研究者，有太虛法師、印順法師、梁啟超、歐陽竟無與呂澄等人。

寒山被後人認為是文殊菩薩轉世，而拾得被後人認為是普賢菩薩轉世。寒山和拾得這兩位被賦予神話的高僧，他們的詩多帶有禪意，外人很少能知曉其義。但有首〈忍耐歌〉卻流傳甚廣，是一首以對答形式來記錄兩人思想的詩：

■文殊菩薩音譯為文殊師利、曼殊室利、滿祖室哩，意譯為妙德、妙吉祥、妙樂、法王子，又稱文殊師利童真、孺童文殊菩薩，是中國佛教四大菩薩之首，被稱為「大智文殊菩薩」。

「終日被人欺，神明天地知。若還存心忍，步步得便宜。身穿破衲襖，淡飯隨時飽。

涕唾在臉上，不氣自干了。有人來罵我，我也只說好。有人來打我，我自先睡倒。

　　他也省氣力，我也無煩惱。這個波羅蜜，就是無價寶。能依這忍字，一生過到老。」

　　禪意猶禪心，指清空安寧的心。（語出：唐劉長卿〈尋南溪常山道人隱居〉詩：「溪花與禪意，相對亦忘言。」明何景明〈吹笙〉詩：「幽心與禪意，淒切轉關情。」）

■普賢菩薩曾譯遍吉菩薩，是象徵理德、行德的菩薩，同文殊菩薩的智德、正德相對應，是婆娑世界釋迦牟尼佛身邊修行最高的菩薩。

■寒山和拾得在寺內牆壁留下的詩文

　　寒山和拾得兩人曾經有一段經典的談話，在佛教界和民間流傳甚廣，影響頗為深遠：

　　寒山問拾得：「世間有謗我、欺我、辱我、笑我、輕我、賤我、惡我、騙我，如何處治乎？」

　　拾得日：「只是忍他、讓他、由他、避他、敬他、不要理他，過十年後，你且看他！」

　　在世人眼裡，寒山和拾得的詩也許包含消極成分，但從佛家觀點來看，卻充滿了禪意，是為人處世的大智慧，包含著引而不發、以待時機。

　　寒山不僅是大德高僧，而且是一位著名詩人。這位富有神話色彩的詩人，曾經一度被世人冷落，直到後來，他的詩才越來越被世人接受，並廣泛流傳。

■寒山和拾得留下的寺碑

　　過了數年，寒山寺又來了一位曠世高僧，名叫希遷，他被人們稱為寒山寺的開山祖師。

　　希遷是唐代人，俗姓陳，端州高要人，是六祖慧能青原系下的一世弟子。

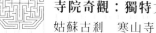

■六祖惠能俗姓盧氏，唐代嶺南新州今廣東新興縣人。佛教禪宗祖師，是禪宗第六祖，世稱禪宗六祖。唐中宗追諡為大鑑禪師。惠能是中國歷史上有重大影響的佛教高僧之一。著有六祖《壇經》流傳於世。

希遷初侍慧能，慧能逝世後，他稟承師命又拜行思為師，行思對他有「眾角雖多，一麟足矣」的讚賞。

希遷不但全心鑽研佛學，而且精通醫術，經常造福四方百姓。

希遷在替百姓治療疾病時，經常曉諭大眾：

「凡想齊家、治國、學道、修身之人，先必須服我十味妙藥。」

這就是他寫的〈心藥方〉，他的醫方寓含佛教理義，明白曉暢地勸化世人為善，以此教化眾生。

唐代天寶年間，希遷曾被行思舉薦到南嶽衡山弘法，他將當時住的寺院定名為南台寺。後來，他發現南台寺東邊有一塊平坦的巨石，就在巨石上建了一個庵，從此住在此庵中，因此當時人們稱他叫「石頭和尚」。

南嶽衡山，是中國五嶽之一，位於湖南省衡陽市南嶽區，海拔一千多公尺。茂林修竹，終年翠綠；奇花異草，四時飄香，自然景色十分秀麗，有「南嶽獨秀」的美稱。

南台寺位於湖南省衡陽市南嶽區的三生塔南面，號稱「天下法源」。南朝梁年間創建，禪宗七祖弟子希遷將它定名為南台寺。南台寺名聲很大，海內外的佛教徒對它都非常崇拜。

希遷在南嶽生活了五十餘年，由於他行醫濟世，佛法度人，大大地弘揚了佛法。他在晚年修行之際，還把他後半生將近半個世紀的草庵生活，用十分明快的語言記述下來，這便是廣泛流傳的〈草庵歌〉。

作為一代大德高僧，希遷與寒山寺有著很深的淵源。後來明初的高僧姚廣孝在〈寒山寺重興記〉一文中記載：

■古人筆下的寒山寺繪畫

■姚廣孝雕像

　　希遷禪師於此創建伽藍、遂額曰「寒山寺」。

　　因為這個記載，後人認為高僧希遷確實是寒山寺的開山祖師，只是那時寒山寺的規模並不大，影響也很有限。

　　後來因為往來人員比較多，特別是唐代詩人張繼〈楓橋夜泊〉詩流傳以後，寒山寺就天下聞名了。

【閱讀連結】

　　在中國民間，還有一則關於「和合二仙」的故事。說和合二仙都是唐代僧人，寒山是詩僧、怪僧，曾隱居天台山。拾得剛出世便被父母遺棄在荒郊，幸虧被正在化緣的天台山高僧豐干和尚看到，就把他帶到寺中撫養成人，並起名拾得。

　　就這樣，豐干和尚在天台山國清寺將拾得受戒為僧。拾得受戒以後，被派到廚房做雜事。在寒山還沒到國清寺為僧時，拾得常將一些飯菜送給寒山，豐干和尚見他倆如此要好，便讓寒山准寺與拾得一起當國清寺的廚僧。

張繼詩篇使古剎名揚天下

開元是唐玄宗李隆基的年號，前後共計二十九年，意思是開闢新紀元。開元年間，唐朝國力強盛，史稱「開元之治」。

玄宗天寶年間，詩人張繼進京應試，而後爆發了安史之亂。為了躲避戰亂，張繼乘船來到蘇州，把船停在城外寒山寺旁的楓橋下。

當天夜裡，秋風四起，漁火點點，想起官場失意，孤身愁緒，以及動盪的世事，張繼無法入睡。此時，寒山寺的鐘聲傳來，無限憂愁伴著傷感，張繼隨即吟出千古絕唱，這就是〈楓橋夜泊〉。

■楓橋位於蘇州，是一座橫臥在古運河的單孔石拱橋，與寒山寺前的江村橋遙相呼應。楓橋自古以來就是聲名遠揚。詩人張繼曾泊船楓橋邊的古運河上，寫下千古絕唱〈楓橋夜泊〉。

「月落烏啼霜滿天，江楓漁火對愁眠。

姑蘇城外寒山寺，夜半鐘聲到客船。」

詩人以獨特的手法，利用「鐘聲」表達自己強烈的感情，將靜與動、虛與實、遠與近巧妙地融合，創造了一個獨特的藝術境界。

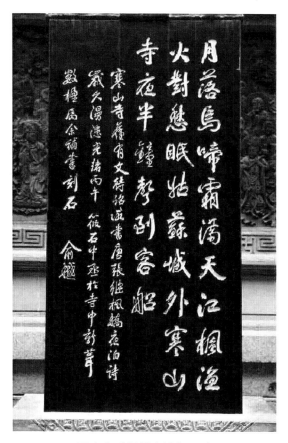

■寺內〈楓橋夜泊〉石碑

　　張繼詩中所描述的夜半鐘聲指的就是寒山寺的鐘聲。這首千古絕唱，不僅家喻戶曉，而且名揚海外，在中華詩壇上有著非同尋常的地位。

　　後來，張繼於唐代宗年間任佐鎮戎軍幕府，又任鹽鐵判官。大曆年末，進入皇宮，身為檢校祠部員外郎，又在洪州分管財賦，後來，張繼夫婦都在此地去世。

　　判官，官名。隋使府始置判官。唐制，特派擔任臨時職務的大臣可自選中級官員奏請奔仟判官，以資佐理。五代州府亦置判官，權位漸重。明府州有通州，清代改為州判。

■寺內張繼的塑像

　　員外郎原指設於正額以外的郎官，晉代以後有員外散騎侍郎，是皇帝近侍官之一。隋代在尚書省二十四司各置員外郎一人。明清各部仍沿此制，也稱高級史外郎，簡稱員外。

　　張繼流傳後世的作品很少，以〈楓橋夜泊〉最為著名。全唐詩收錄一卷，有《新唐書藝文志》傳於後世；然而僅僅〈楓橋夜泊〉一首，足以使他名垂千古，而寒山寺也拜其所賜，成為遠近馳名的千年古剎。

　　張繼的詩不但「有道者風」，也頗有「禪味」，是當時士大夫崇尚儒、道的普遍風氣；但是，他並沒有一般仕宦者的官僚習氣，不逢迎權貴，與當時同是進士出身的詩人皇甫冉交情很深，兩人經常來往。

　　張繼的〈楓橋夜泊〉不僅意境優美，又因寒山這所古剎，帶有濃厚的歷史文化色彩，而顯得更加豐富、動人。因此，這寒山寺的「夜半鐘聲」也就彷彿是歷史的回聲，滲透著宗教的情思，給人一種古樸莊嚴之感了。

■〈楓橋夜泊〉的石刻

　　有了寒山寺「夜半鐘聲」這一筆，「楓橋夜泊」的神韻才得以完美體現。「夜半鐘」的習俗，早在紀傳體史著《南史》中就有記載，在張繼同時或以後，雖有不少詩人描寫過「夜半鐘」，卻再也無人能及張繼的水平。

　　據說，寒山寺的鐘聲能驅魔鎮妖、驅除人們心中的煩惱。佛教認為，人生多苦多煩惱，所謂生苦、老苦、病苦、死苦、怨憎之苦、愛別離苦、求不得苦、五陰熾盛苦等八苦。

■寺內聽鐘石

　　紀傳體是中國史書的一種體例，以本紀、列傳人物為綱、時間為緯、反映歷史事件的一種史書編纂體例。紀是記載帝王，在全書最前面，列傳是諸侯以下的人物傳記。紀傳體史書的特點是以人物為中心，將記言、記事進一步結合，更好地表現人物的性格。

　　人有六根，即眼、鼻、舌、耳、意、身，每根有六種煩惱，六根就有三十六種煩惱。三十年為一世，三世便有一百零八種煩惱。據《增一阿唅經》說，鐘聲可以「降伏魔力怨」因此鐘聲被譽為「妙響音」，百八鐘聲可以「醒百八煩惱」。而寒山寺的鐘聲更以那句「姑蘇城外寒山寺，夜半鐘聲到客船」則享譽中外。

　　另外，寒山寺的鐘聲與別的寺院鐘聲不同。它必須在二十分鐘內均勻地敲完一百零八下，且最後一下必須在午夜與凌晨相交的那一瞬間完成。當鐘聲響起，全體僧人就會齊誦〈擊鐘儀〉：

　　「聞鐘聲，煩惱淨，智慧長，菩提增，離地獄、出火坑、遠成佛、度眾生。」

《南史》為唐代史學家李延壽撰寫，中國歷代官修正史「二十四史」之一。紀傳體，共八十卷。記載南朝宋、齊、梁、陳四朝一百七十年的史事。《南史》與《北史》合稱姊妹篇，《南史》文字簡明，事增文省，在史學上佔有重要地位。

　　傳說，詩人張繼正是聽了寒山寺的鐘聲，才蕩去「剪不斷，理還亂」的愁思，悟出了人生的真諦。

　　千百年來，中國景物因為文章而出名的例子有很多，寒山寺就是因為張繼的〈楓橋夜泊〉而聞名天下。

　　除了詩人張繼，「大曆十大才子」之一的中唐詩人韋應物，晚唐著名詩人杜牧，以及杜牧的朋友、年少時在蘇州生活過的著名詩人張祜、著名進士郭附等，都曾為寒山寺留下優美的詩篇。

　　唐代花間派的重要作家之一溫庭筠在他的詩中寫道：「悠然旅榜頻回首，無復松窗半夜鐘。」由此可見，寒山寺在古代文人墨客心中的地位是無可替代的。

■杜牧（公元八零三年至約八五二年），字牧之，號樊川居士。京兆萬年，即今陝西省西安人。唐代詩人。杜牧人稱「小杜」，以別於杜甫。與李商隱並稱「小李杜」。因晚年居長安南樊川別墅，故後世稱「杜樊川」，著有《樊川文集》。

【閱讀連結】

　　中國江南水鄉名城蘇州，大約有三百多座橋，而被文人墨客吟誦最多的就是楓橋。因而，明朝詩人高啟在〈楓橋詩〉中不無感慨地寫道：「畫橋三百映江城，詩裡楓橋獨有名；幾度經過憶張繼，烏啼月落又鐘聲。」

　　楓橋，舊稱封橋。位於蘇州西几乚里的楓橋鎮，橫跨於運河支流之上。楓橋只是一座江南普通的月牙形單孔石拱橋，始建於唐代。古時這裡是水陸

交通要道，設護糧卡，每當漕糧北運經過這裡，就封鎖河道，因此稱為「封橋」。而與楓橋相鄰的就是著名的寒山寺。

唐武宗臨終前的詛咒碑文

　　唐代時期，寒山寺因為高僧寒山曾經在此修行，才有了「寒山寺」的名字。接著，唐代詩人張繼的〈楓橋夜泊〉則使它名揚天下。

■公元一九〇六年重修寒山寺所立〈楓橋夜泊〉諭碑

　　中國被稱為詩的國度，而名山古剎歷來成為詩人吟詠的對象，後人常常把絕佳詩作刻在碑上，立為詩碑。作為十大名寺之一，寒山寺的詩碑有很多，知名度最高的，要數張繼的那首〈楓橋夜泊〉。

然而，和其他寺詩碑不同的是，寒山寺的詩碑還有一個千年詛咒的傳說，這個傳說，可以追溯到唐武宗時期。

　　唐武宗（公元八一四年至八四六年），李炎，本名瀍，臨死前改名炎。唐穆宗的第五子，在位六年。武宗崇信道教，於會昌五年下令拆毀佛寺，沒收大量寺院土地。由此，擴大了稅源，鞏固了中央集權。

　　唐武宗是唐朝中後期一位比較優秀的皇帝，二十七歲繼位的他曾經征服回鶻，鎮壓叛亂，削弱各鎮割據，限制宦官專權。

　　回鶻是中國古代北方及西北的少數民族，使用突厥盧尼文字，信仰薩滿教。回鶻汗國和唐王朝在政治、經濟和文化上保持密切的的往來。位於漠北的回鶻汗國被黠戛斯滅亡後，分三支遷到了新疆和甘肅，後形成維吾爾族和裕固族。

　　《舊唐書》因此事稱讚唐武宗：

　　「能雄謀勇斷，振已去之威權；運策勵精，拔非常之俊傑。」

　　但是，唐武宗過分地崇尚道術，對長生不老之術和仙丹妙藥異常痴迷。

　　由於服用所謂的仙丹妙藥，唐武宗的身體受到了極大的損傷。原來，這些所謂的仙丹妙藥都是由黃金、水銀、丹砂、硫磺等一起放入煉丹爐中燒製而成，甚至會產生微量砒霜，大量服用必然危害身體健康，唐武宗卻對此篤信不疑。

　　當時，尊崇道教的唐武宗將老子的誕辰日農曆二月二十五日定為降聖節，全國休假一天。他又在宮中設立道場，在大明宮修築望仙台，拜道士趙歸真為師，最終卻因服用仙丹妙藥中毒而死。

　　傳說唐武宗酷愛張繼的那首〈楓橋夜泊〉，在死前一個月，敕命京城的第一石匠呂天方，精心刻製了一通〈楓橋夜泊〉詩碑，還說自己升天之日，要將這塊詩碑一同帶

　　並且，唐武宗在臨終時頒布遺旨：

「〈楓橋夜泊〉詩碑只有朕可勒石賞析。後人不可與朕齊福，若有亂臣賊子擅刻詩碑，必遭天譴，萬劫不復！」

唐武宗的意思是，〈楓橋夜泊〉詩碑只可有此一通，以後只要有人再刻，就會死於非命。於是，在唐武宗駕崩後，這塊詩碑被殉葬於武宗地宮，置於棺床上首，武宗皇帝就這樣立下了千年詛咒。

中國古代稱皇帝或皇太后、太皇太后的死亡為「駕崩」。因為當時皇帝被稱之為萬人之上，是由萬民擁戴，他有權力支配臣民來維護江山的和平穩定，成為一種駕馭之勢的權力。當皇帝死後已經不能再行使權力，就用駕崩來形容江山少了精神支柱會崩塌的意思。

上首，亦稱上手，原為佛教用語，意為大眾之中位居最上者，後為俗間借用，特指酒席宴間最尊之位。坐上首必須具有一定資格。一些特殊場合如定親、送朱門、結婚宴上，女方來的客人被尊為「大客」，是必坐於上首的。除此之外的酒桌，以桌為單位，一般以年長者為尊，若論明了親戚關係，則以輩分高者為尊。

■〈楓橋夜泊〉御碑背面

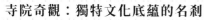

【閱讀連結】

　　唐武宗繼位後第六年的新年朝會，因為病重而沒有舉行。這時，道士告訴武宗，生病是因為唐武宗的名字叫李瀍，「瀍」這個字中有「水」，與唐代崇尚的土德不合，土克水，所以不利。應該改名為「炎」，炎從「火」，與土德相合，可以消除災禍。

　　然而，唐武宗的病情卻日漸加重，宰相李德裕等請求覲見，卻沒有得到皇上允許。就在唐武宗將名字改為李炎之後的第十二天，他就因服用所謂的仙丹妙藥中毒而死。

▌性空世界和水月道場大觀

　　古剎寒山寺最初稱為妙利普明塔院，整個寺院以此塔命名，由此可見當初寶塔的名聲是非常大的。

　　到了北宋，節度使孫承祐重建這座寶塔，重建後的寶塔為七級佛塔。遠遠望去，寶塔越發顯得莊嚴肅穆了。

　　寒山寺不僅歷經數度坎坷，就連名字也曾多次被更改或重定。到了宋代嘉祐年間，寒山寺又被皇帝改名，賜名為普明禪院。

　　據范成大的《吳郡志》記載：

　　「普明禪院，即楓橋寺也。在吳縣西十里，舊楓橋妙利普明塔院也。」

　　經歷寶塔重建，皇上賜名易名，寒山寺在人們心中的地位更加重要了。於是，為了紀念寒山寺，在北宋

■范成大（公元一一二六年至一一九三年），字致能，號石湖居士，謚號文穆，南宋詩人。其詩自成一家，反映農村社會生活的作品成就最高。他與楊萬里、陸游、尤袤合稱南宋「中興四大詩人」。

民間，便有人開始私刻〈楓橋夜泊〉的詩碑，刻詩碑的第一個人，也就是當時的翰林院大學士郇國公王珪。

然而，王珪自從刻了這一詩碑後，家中卻連遭變故，王珪本人也因之暴亡。有人說王珪的遭遇是因為遭到了唐武宗的臨終詛咒。那麼，這些究竟對唐武宗死前遺旨的應驗，還是巧合？

■古代寒山寺壁畫

原來，這個刻碑的王珪，為人膽小怕事，一貫順承皇帝的意思，以明哲保身的姿態為人處世。

　　就在王珪寫〈楓橋夜泊〉詩碑的時候，正是他服喪期間，詩碑也沒有王珪的署名。王珪的死，雖然沒有明確的記載死因，但史書上說他死在任上，活到了六十七歲。這在古代已經算是長壽了，因此，王珪死於詛咒之說，是沒有根據的。

　　唐武宗的詛咒之謎還沒有解開，關於張繼〈楓橋夜泊〉詩中寒山寺夜半鐘聲的說法，人們也開始議論紛紛。

　　北宋的政治家歐陽脩認為，「姑蘇城外寒山寺，夜半鐘聲到客船」這兩句詩雖然好，但是三更並不是撞鐘的時候。

■寒山寺內其他書法石刻

　　而南宋時期的范成大綜合王直方、葉夢得等人的論辯，在《吳郡志》中表示，歐陽脩並沒有到過吳中。當時吳中的僧寺確實是半夜鳴鐘的，他們稱之「定夜鐘」，范成大認為半夜擊鐘是很正常的事。范成大的說法雖然有道理，但仍有人對「夜半鐘」持懷疑態度。

　　吳中位於蘇州市南部，北依蘇州古城區，東連崑山，南接吳江，西臨太湖；四周還分別與蘇州工業園區、虎丘區、相城區接壤；與無錫、宜興、浙江湖州隔湖相望。吳中區歷史悠久，人文薈萃，是古吳文化的發源地。約一萬年前的舊石器時代，吳地已有先民生息繁衍。在五千年前的新石器時代，創造了先進的「良渚文化」。

　　至於誰是誰非，已經不重要了。重要的是，寒山寺的千年古鐘歷經世事滄桑後越發讓人神往了。不僅僅是那鐘聲，令人嚮往的還有「性空世界」和「水月道場」。

　　在寒山寺大雄寶殿的南側有一個圓洞門，上有隸書磚雕門額「性空世界」。透過門洞，人們可以看到著名的鐘樓，而門洞和鐘樓恰恰在視野內形成絕妙的對景。

　　在「性空世界」磚額上方的檐脊上立有一尊塑像。塑像是一個頭戴破僧帽，身披破衲衣，手執破蕉扇，嘴角歪斜，痴痴癲癲的僧人，四周伴有祥雲繚繞，這個人就是聖僧濟公。

■寺內「性空世界」圓洞門

　　據《天台山方外志》、《淨慈寺志》等書籍記載，濟公名道濟，字湖隱。父親叫李茂春，是宋高宗李駙馬的後裔。人們傳說，濟公的母親王氏在生他之前曾夢見自己吞下日光。

　　不幸的是，濟公十八歲時，父母相繼亡故了。於是，他跟隨靈隱寺的高僧瞎堂禪師，落髮出家。

■濟公（公元一一四八年至一二〇九年），
原名李修緣，舉止癲狂，是一位學問淵博
的得道高僧，被列為禪宗第五十祖，楊岐
派第六祖。撰有《鐫峰語錄》十卷，詩作
主要收錄在《淨慈寺志》、《台山梵響》
中。

濟公的性情瘋瘋癲癲，嗜食酒
肉，寺裡的僧人都指責他。瞎堂卻
說：「佛門廣大，難道容不得一個
顛僧？」

從此以後，眾僧人就稱他濟顛。

■寒山寺寺碑

瞎堂禪師圓寂以後，濟顛就來到
了淨慈寺。圓寂為佛教用語，梵語的
意譯，音譯為「般涅槃」或「涅槃」。
意思是諸德圓滿、諸惡寂滅，以此為
佛教修行理想的最終目的。後來婉言
僧尼的死為圓寂。

淨慈寺是杭州西湖歷史上四大古
剎之一，在南屏山慧日峰下，是公元
九五四年五代吳越國錢弘俶為高僧永
明禪師建立的，原名是永明禪院。南
宋時期改稱淨慈寺，並建造了五百羅
漢堂。

在南宋嘉泰四年的一天晚上，濟顛似醉非醉，繞著長廊急切地呼喊，眾僧只覺得莫名其妙。

不一會兒，大火燒起來了，佛寺一片火海，樓閣瞬間化為灰燼。於是，濟顛自行募集資金，重建寶剎。他來到嚴陵化緣，將自己的袈裟展開，竟然籠罩群山，山上的高樹巨木隨後被神力拔起，順水漂流。

接著，濟顛告訴所有的寺僧，建廟用的木材已經運抵寺廟的香積井中。六名壯漢費了九牛二虎之力才將巨木一一弄出，木材堆積如山。監寺為了表達感謝之情，要給濟顛一些銀兩作為報酬，濟顛連忙推辭說：「我乃門甲神，豈要你的酬勞？」說罷，駕風而去。

五年後，濟顛圓寂。臨終前索筆題了一首詩：

「六十年來狼藉，東壁打倒西壁。

如今收拾歸來，依然水連天碧。」

濟顛寫完這首詩，拿著筆仙逝了。隨後，濟顛被僧人們葬在杭州西南的大慈山白鶴峰下。

濟顛與寒山寺高僧寒山同是天台詩僧，性情同樣瘋癲，也同樣被神化為菩薩化身。於是，後人就在寒山寺庭院的檐脊上雕飾了濟公的塑像。

寒山寺的這尊濟公塑像，匠心之妙，令人叫絕，已經形成獨特的人文景觀，也形成了寒山寺的性空世界。

■寒寺內檐脊上的雕飾

　　在大雄寶殿另一側的圓洞門上，有隸書磚雕門額「水月道場」。水月道場也稱水陸齋，是佛門遍施飲食以救度水陸鬼魂的法會。相傳梁武帝為了作普度水陸眾靈的大齋會，曾命保志集錄經典，編成儀文，在金山寺創設水陸道場。

■寒拾泉

■寒拾亭

　　宋代寒山寺，內有水陸院，當時是舉行法會的主要場所。透過門洞，可以看到後院的寒拾泉和寒拾亭。

　　在水月道場圓洞門門額上方的檐脊上，立有一尊塑像。這個塑像蓬頭赤足，衲衣襤褸，一手拿破掃帚，一手拿吹火筒，這就是民間故事〈瘋僧掃秦〉中的瘋僧。

　　秦檜（公元一〇九〇年至一一五五年），字會之，宋朝人。中國歷史上十大奸臣之一，因處死岳飛而遺臭萬年。宋徽宗公元一一一五年登第，先後任御史中丞、禮部尚書、宰相，執政十九年。

　　傳說，宋代奸相秦檜和妻子王氏在東窗密謀。因為秦檜曾在風波亭謀害抗金名將岳飛父子，做賊心虛，整天擔驚受怕。風波亭原來是南宋最高審判機關，杭州大理寺獄中的亭名。一天，秦檜來到靈隱寺進香，看見方丈壁間有一首詩：

　　「縛虎容易縱虎難，東窗毒計勝連環。

　　哀哉彼婦施長舌，使我傷心肝膽寒。」

　　秦檜看後大吃一驚，心中想道，這第一句是我和夫人在窗下的灰中寫的，並沒有人知道啊，怎麼寫在這裡了？這簡直是太奇怪了！

■岳飛（公元一一○三年至一一四二年），字鵬舉，北宋人。著名的策略家、軍事家、
民族英雄、抗金名將，被譽為宋、遼、金、西夏時期最為傑出的軍事統帥。南宋中興四
將（岳飛、韓世忠、張俊、劉光世）之首。

■寺內貔貅銅像

　　秦檜盤問完住持後，才知道這首詩是香積廚下的瘋僧題的。於是，秦檜趕緊把瘋僧找來。只見瘋僧蓬頭垢面，口嘴歪斜，手瘸足跛，渾身汙穢。

　　秦檜笑道：「你這模樣怎麼能誦經，怎麼能當僧人？」

　　瘋僧答道：「我的面貌雖然醜，卻心地善良，不像你卻佛口蛇心。」

　　秦檜問：「這壁上的詩句是你寫的麼？」

　　瘋僧道：「難道你能做得，我就寫不得嗎？」

　　秦檜問：「你手中的掃帚是做什麼用的？」

　　瘋僧道：「用它來掃滅奸邪。」

　　秦檜道：「火筒應該放在廚下，拿在手中做什麼？」

　　瘋僧道：「這火筒節節生枝，能吹狼煙四起，實在是不能放下。」

　　狼煙是用狼糞燒出來的煙。古代烽火台，多建立於邊疆荒原，物資奇缺，只好使用狼糞作為引火物。由於這樣的特殊引火方式，邊疆烽火也叫做狼煙。另一種說法為，狼是古代匈奴、突厥、吐蕃等少數民族的圖騰，其軍隊被中原人稱為「狼兵」，所以為中原報警的烽火被稱為「狼煙」。

　　秦檜問：「你有法名麼？」

瘋僧道：「吾名葉守一，終日藏香積。不怕泄天機，是非多說出。」

秦檜、王氏聽完瘋僧的話，驚疑不定，再想試他一試。瘋僧就提筆寫了一首詩：

「久聞丞相有良規，占擅朝綱人主危。

都緣長舌私金虜，堂前燕子永難歸。

閉戶但謀傾宋室，塞斷忠言國祚灰。

賢愚千載憑公論，路上行人口似□。」

末句有意空缺一字，而這詩的頭一字連起來卻是「久占都堂，閉塞賢路」。

朝綱為古代中國朝廷制定的法紀，也就是朝廷所制訂的法度綱領，處於指導政治時務的地位。體現出君主統治的絕對權威。違背朝綱的人會受到嚴酷的刑法懲罰。

■寒山寺美景

秦檜大怒，但限於身分，一時不便發作。過了幾日，秦檜命人捉拿瘋僧。瘋僧不慌不忙，在房中留下一匣，轉眼間不知去向。

秦檜打開小匣，裡面有一束，上面寫道：「偶來塵世作瘋癲，說破奸邪返故園。若要問我家何處，卻在東南第一山。」

　　秦檜命家人去東南第一山追捕瘋僧。那個家人經高人指點，方才明白：「哪裡是什麼『葉守一』，乃是『也十一』。『也』字加了『十一』，不是個『地』字？此乃地藏王菩薩的化身寶號。」

　　化身稱佛或菩薩暫時出現在人間的形體。化身一詞源自於佛教，原來是指佛、菩薩為教化救濟眾生而變化的各種形相之身。由於古來對佛身有三身、四身等異說，故化身也有不同的說法。

■寒山寺小鐘樓

　　不久，奸賊秦檜便因為背病發作而死。後人敬佩瘋僧的氣節膽識，特意塑像供奉他。

　　除了性空世界和水月道場外，寒山寺還有楓橋、鐘樓等眾多名勝古蹟，吸引著成千上萬的人慕名前來。

　　在南宋建炎年間，楓橋寺再度被官軍破壞。金兵南侵，蘇州西郊的官寺民舍，一夜之間被焚燒殆盡。寒山寺雖然倖免於火，卻遭到官軍蹂躪。當時，寒山寺僧侶大多被迫逃匿，整個寺廟四壁蕭然，非常淒涼。

　　金或稱金國、金朝，是由中國東北地區的女真族建立的政權，公元一一一五年由金太祖完顏阿骨打建立。公元一二三四年，金朝在蒙古和南宋南北夾擊之下滅亡，共經歷十位帝王。金國是當時中國華北地區的一個強大政權。金朝作為女真族所建的新興征服王朝，其部落制度性質濃厚。

寒山寺普明塔院

話說，到了南宋紹興年間，寒山寺仍被稱為楓橋寺。在這一時期，寒山寺住著另一位知名的長老名叫法遷。

紹興四年，法遷長老率領他的徒弟們入居寒山寺，經過十幾年努力，又使寒山寺棟宇一新，並在寺中新建水陸院。同時，法遷長老還用了三年時間修復普明寶塔，使整個寺容更為壯觀。

水陸院是佛教舉行大型法會的專門道場。水陸，是水陸法會的略稱，也稱為水陸道場。水陸法會在宋代流行後很快就在全國普及。

法遷長老重修寒山寺時，嚴於律己。他和自己的徒輩們或持鉢或持簿，乞施於民間，如果有一點收穫，就都用在寺院的重建上，這種精神受到當地民眾的敬仰。

在法遷長老的努力下，寒山寺重建工作迅速完成。法遷長老興廢續絕，弘寺拓基，對寒山寺的發展做出了巨大貢獻，可以稱之為寒山寺的中興祖師。

【閱讀連結】

淨慈寺位於杭州西湖的南岸，寺的主山是南屏山。南屏山發自天目，千里蜿蜒而東，蘇軾稱之為「龍飛鳳舞，萃於臨安」。該寺曾經屢毀屢建，所存的寺宇、山門、鐘樓、後殿、運木古井和濟公殿，都是後人重建的。

寺內有一口重達一萬多公斤的新鑄銅鐘，鑄有著名書法家趙樸初等人書寫的《妙法蓮華經》，共計六萬八千字。每日黃昏，悠揚的鐘聲在暮色蒼茫的西湖上飄蕩。因為寺內鐘聲宏亮，「南屏晚鐘」成為著名的「西湖十景」之一。

名寺歷經劫難後風骨猶存

自從張繼的那首〈楓橋夜泊〉廣泛流傳以後，寒山寺便成了家喻戶曉的寺院，時人都比較喜歡「寒山寺」這一名稱，而不太適應普明禪院或楓橋寺的名稱了。

於是，到了元代，這座古老的寺院又被重新定名為寒山寺。當時，元代名人顧仲瑛、湯仲友等在各自的詩中均題名為寒山寺。

元代由蒙古族建立，是中國歷史上第一個由少數民族建立的大一統帝國。元朝的疆域空前廣闊，北至北海、東到日本海，西藏和澎湖第一次被納入中國版圖。元朝在中央設中書省，地方實行行省制度。

■寺內現存的名人詩畫石刻

然而，在元末明初的戰爭中，寒山寺再一次毀於戰火。劫後的寒山寺，一處蕭索，幾乎完全被毀掉。

公元一四〇五年，大德高僧深谷昶禪師擔任寒山寺的住持，深谷昶禪師很有戒行，為人老成持重，決心重建寺院。

當時的人力、物力極度匱乏，條件非常艱苦。深谷昶禪師卻不辭辛苦，向眾檀越化緣募捐，親自帶領寺僧，剗除寺中雜生的荊榛，用箕畚運走瓦礫，做好寺院重建後的清理工作。

檀越施主，即施與僧眾衣食，或山資舉行法會等信徒和大眾。關於檀越與受施者之間，各佛經中多有提及。檀越施主應當恭敬如子孝順父母，小恩常不忘。檀越也指透過布施的手段越過痛苦的苦海。

　　深谷昶禪師精於佛理，嫻於寺院規劃，首先建大雄寶殿。大雄寶殿是寒山寺正殿，面寬五間，進深四間，高一二點五公尺。單檐歇山頂，據角舒展。

　　寶殿露台中央設有一座爐台銅鼎，鼎的正面鑄著「一本正經」，背面有「百煉成鋼」字樣。

■寺內大雄寶殿和銅鼎

■《金剛經》為佛教的重要經典。《金剛經》傳入中國後，有六個譯本，以鳩摩羅什所譯《金剛般若波羅蜜經》最為流行。唐玄奘譯本，《能斷金剛般若波羅蜜經》是鳩摩羅什譯本裡面的一個重要補充。

這裡還包含著一個宗教傳說：據說，有一次佛教僧人為了驗證佛法的威力，將《金剛經》放入銅鼎火中，經書安然無損。人們為了頌讚這段往事，就在銅鼎上刻此八字以資紀念。

　　在殿宇門楣上高懸一塊「大雄寶殿」匾額，殿內庭柱上懸掛書法家趙樸初撰書的楹聯：

　　「千餘年佛土莊嚴，姑蘇城外寒山寺；百八杵人心警悟，閻浮夜半海潮音。」

　　在大雄寶殿中央，是佛祖釋迦牟尼佛的塑像，摩訶迦葉、阿難兩位尊者陪侍兩側，再兩側是文殊、普賢二位菩薩。

　　釋迦牟尼原名喬達摩·悉達多。他是古印度釋迦族人，生於古印度迦毗羅衛國，即今天的尼泊爾南部。本為迦毗羅衛國太子，父為淨飯王，母為摩耶夫人。佛教創始人。成佛後被稱為釋迦牟尼，尊稱為佛陀，意思是大徹大悟的人；民間信仰佛教的人也常稱呼佛祖、如來佛祖。

　　大殿兩廂，是形神各異的十八羅漢塑像，在佛、菩薩之前，是秉持香爐的梵天和帝釋。梵天，名叫尸棄，他深信正法，每逢有佛出世，必定前來請轉法輪。深谷昶禪師在大雄寶殿中立梵天像，隱含希望寒山寺法輪常轉的意願。

■寶殿內的釋迦牟尼佛像

　　帝釋，是忉利天的天主，俗稱玉皇大帝。玉皇大帝本是道教人物，他的形象出現在佛寺中，與宋元以後三教合流不無關係。

　　重建後的大殿內香菸繚繞，透過煙霧望去，金光一片，彷彿佛祖在靈山說法。

其次建方丈室、山門以及法堂、齋堂、庫房等,凡是寺院應該有的,深谷昶禪師均一一規劃,進行建設。這裡應特別提到的是方丈室,深谷昶禪師在方丈室中設有寒山、拾得、豐干的塑像,這是現在已知的對寒山寺有寒山、拾得像的最早記載。

道教創立於東漢時期,是中國土生土長的宗教,距今已有一千八百多年的歷史。當今道教主要分為:全真派和正一派兩大教派。道教奉老子為教祖,尊稱為「太上老君」,以《道德經》為主要經典。

元代末年,張士誠占據蘇州,寒山寺及後來重修的佛塔,一併毀於戰火。在大明洪武年間,高僧昌崇又重新修建了寒山寺。

從永樂三年受命來寺,到永樂十一年,短短八年,深谷昶禪師便使寒山寺重又屹立於楓江橋畔,繼往開來,功不可沒。新修的寒山寺道場一新,規模可睹。

洪武為中國明代第一個年號,當時在位皇帝為明朝開國皇帝明太祖朱元璋。洪武年間,實行了較開明的經濟政策,但政治較為嚴苛,除設立錦衣衛外,還強化科舉制。

永樂為明成祖朱棣的年號。永樂年間,曾發生定都北京、鄭和下西洋、編修《永樂大典》等重大歷史事件,中國的統一形勢得到進一步發展和鞏固。

寺內的大鐘樓

到了明代嘉靖年間,高僧本寂在寒山寺鑄鐘建樓,並重新鑄造一口寺鐘。在當時,文人墨客曾為之作疏刻碑。唐伯虎作了一首〈姑蘇寒寺化鐘疏〉,詩中寫道:

「姑蘇城外古禪房,擬鑄銅鐘告四方;

試看脫台成器後，一聲敲下滿天霜。」

唐伯虎的這首詩，便記載了高僧本寂化緣鑄鐘的始末。

遺憾的是，明代鑄的鐘不久後也莫名地失蹤了。就這樣，持續千年的「夜半鐘聲」從此沉寂下來。

明代末年，當地曾有豪民試圖侵占寒山寺的寺基，寒山寺的住持請文肅公書石證明其事，並有黃山居士張延登、錢宗伯、姚學士三帖記事。

由於第一通詩碑不知去向，在重修寺院的時候，明朝書畫家文徵明，便為寒山寺書了第二通〈楓橋夜泊〉詩碑。但是，詩碑「玉成」不久，文徵明卻身染重疾，在世間受盡病痛折磨，含恨辭世。

■大鐘樓內的現存大鐘

■唐伯虎唐寅，字伯虎，一字子畏，號六如居士、桃花庵主、魯國唐生、逃禪仙吏等。據傳於明憲宗成化六年庚寅年寅月寅日寅時生，故名唐寅。他在詩文方面，與祝允明、文徵明、徐禎卿並稱「江南四才子」，繪畫方面，與沈周、文徵明、仇英並稱「吳門四家」。

於是，民間傳說，文徵明是遭受到唐武宗的詛咒才離世的。然而，對於這種說法也有一定的爭議，因為在當時的「吳門四家」中，文徵明是四人當中生活最有規律的人，他和唐伯虎同年，但比唐伯虎要長壽得多。

唐伯虎死於公元一五二三年，享年五四歲，而文徵明活到了九十歲。文徵明寫〈楓橋夜泊〉詩碑，大約是在五十歲前，也就是嘉靖元年前後。

因此，文徵明死於唐武宗詛咒的說法，只是後人的猜測，並無根據。

【閱讀連結】

　　吳中四才子，即江南四才子。是指明代中葉生活在江蘇蘇州的祝枝山、唐伯虎、文徵明和徐禎卿等四人。他們是一群才華橫溢且性情灑脫的文化人。明代成化、正德年間徐禎卿等四位詩人並稱「吳中四才子」。

　　他們不依傍門戶，卓然自立，作詩以抒寫性情為第一要義，在當時來說，這種精神是非常可貴的。徐禎卿的詩多是佳作，詩論也有許多獨到之處。唐寅、祝允明、文徵明不僅擅長詩文，還擅長書法、繪畫，以多才多藝見稱。

▌雍正皇帝敕封寒山二聖

　　到了清代，寒山寺受到雍正皇帝的極大重視。雍正雖然沒有來過寒山寺，但他對寒山寺的影響是相當深遠。這主要體現在他敕封寒山、拾得為「和合二聖」，以及為《寒山子詩集》親自作序，正式封寒山為「和聖」，拾得為「合聖」，和合二仙從此名揚天下。

■雍正（公元一六七八年至一七三五年），清世宗愛新覺羅‧胤禛，滿族，是清代第五位皇帝。清聖祖康熙的第四子。雍正平定叛亂，加強皇權，實行一系列改革，對康乾盛世的連續具有關鍵性作用。

　　官吏和知識分子對寒山二子與寒山寺也開始加以關注，而這些社會文化精英又將這種認同推廣到普通百姓，從而加深了寒山子及寒山寺在百姓心中的地位。

■寺內的和合二仙雕塑

　　這也許就是清代官員程德全書刻〈雍正寒山書序〉〉，江浙一帶百姓特別認同「和合二仙」的原因。

　　到了清代順治初年，寒山寺遭遇嚴重的水患，在僧人的艱辛保護下，寺院才避免被徹底損毀。但是，到了康熙五十年冬，寒山寺大殿又遭遇火災，水陸院及多處建築被損毀。

　　公元一七七四年，寒山寺住持又重新修建大殿和前軒等破損的建築。

　　然而，在道光年間，多難的寒山寺再次遭遇大災。這一次，寒山寺寺僧包括老者、弱者，及過客一百四十多人，忽然在一天內全部死去。

後來，官方經過多方調查，確定這次中毒事件是因為眾人誤食寺院後園的毒蕈而導致。自從出了這一事故，寒山寺在一段時間內，幾乎處於荒廢狀態。

公元一八五四年，當時的內閣中書趙文麟、前廣東鹽運使司運同周曾毓等，在寺院旁邊的空閒土地建房二十八間，招租收息，用於維持寒山寺的香火耗資。

運同是指清代的官名，主要有鹽運使司、鹽法道和管轄鹽務的分司長官。這些官員的職務是掌管督察全國各地的鹽場，並且輔助鹽運使或鹽法道管理鹽務工作。

然而，過了僅僅六年，寒山寺卻被清軍縱火焚燒，一夜之間化為灰燼。

公元一九〇六年，陳夔龍在江蘇任巡撫時，有一次檢閱軍隊，偶然來到楓橋。他目睹千年古剎一片荒蕪，心生無限感慨，於是決定重建古剎。

陳夔龍（公元一八五七年至一九四八年），清末大臣。起於寒士，官運亨通，歷同治、光緒、宣統三朝。歷官順天府尹、河南布政使、河南巡撫、江蘇巡撫、四川總督等，曾反對廢除科舉。

陳夔龍這次對寒山寺的重建，工程巨大。為了方便交通，修建時拓展了大門，使寺門緊臨大路。同時，還修建多處院落、廳堂。又鑄了一口銅鐘，懸在寺內。

公元一九一〇年陳夔龍和布政使陸鍾琦等，再次重建寒山寺大殿。同時，程德全除了新建大殿、後樓和長廊外，還書刻〈雍正寒山詩序〉、乾隆〈霜鐘曉月〉詩碑、寒山詩、韋應物詩等。還增加清代著名畫家羅聘所繪的寒山拾得像、晚清官員鄭文焯所繪的寒山二子像，程德全、陸鍾琦、鄒福保「三記」，以及「妙利宗風」「寒山寺」門匾等。

■寺內「妙利宗風」石刻

　　布政使為古代官名，明初沿元代朝廷的官制，在各地設置行中書省。公元一三七六年，撤銷行中書省，以後陸續分為十三個承宣布政使司，全國府、州、縣分屬之。每司設左、右「布政使」各一人，與按察使同為一省的行政長官。

　　經過陳夔龍和布政使陸鍾琦等人的苦心經營，寒山寺這座千年古剎終於煥然一新。無論寺門、大雄寶殿、廡殿、藏經樓，還是詩文石碑和石刻像等，一處處古蹟就像一本厚厚的書，向世人述說著寒山寺那無比滄桑的歷史。

　　寒山寺當年的寺門建築早已在公元一八六○年的兵火中灰飛煙滅，現存的建築多數是清代末年重建的。

　　中國古代的寺院建築，以佛教建築的特點最為突出，而中國現存的佛寺多數都是明清時代的建築。這些建築的主要特點是多採用庭院式布局，主要殿堂模仿宮殿府第的樣式，一般的建築參照民居的式樣。但總的來講，中國古代宮殿建築比較尊重自然，體現中庸的思想，特別重視中和、平易、含蓄而深沉的美的追求。

■寺內的古建築

　　就整體而言，重要建築大都採用均衡對稱的方式，以庭院為單元，沿著縱軸線與橫軸線進行設計，藉助於建築群體的有機組合和烘托，使主體建築顯得特別宏偉壯麗。寒山寺的建築就是中國古代寺院建築的典範。

■寒山寺現存大門

在寒山寺門的門楣上高懸金字朱匾，上有「古寒山寺」四個大字，款署「雲陽程德全題」。寺門之內是御碑亭。內為大殿，殿後精舍三間，上有小樓，位於寺中央，窗牖洞達，憑高四眺，遠山近水一二十公里，歷歷在目。

三間精舍的左邊為小鐘樓，右邊也有一角小樓。整個建築迴廊繚曲，院圍清曠，結構頗為不俗。

寒山寺照牆的黃牆上嵌有三通青石碑，上刻有「寒山寺」三個大字，鐵畫銀鉤，筆力雄峻，款署「東湖陶濬宣書」。

■曾國藩（公元一八一一年至一八七二年三月），初名子城，字伯涵，號滌生，諡文正，漢族，出生於湖南長沙府湘鄉縣楊樹坪。晚清重臣，湘軍之父，湘軍的創立者和統帥者。清朝軍事家、理學家、政治家、書法家，文學家，晚清散文「湘鄉派」創立人。晚清「中興四大名臣」之一。

話說這位「東湖陶濬宣」，是清代末年間的知名人物，名叫陶濬宣。他是光緒二年舉人，精詩詞，也工畫，曾任廣東廣雅書院山長。備受翁同龢、梁啟超推崇。

這三方題字刻石原來嵌在寺內的迴廊壁上，四周雜草叢生，破敗不堪。後來三通石碑就不見了蹤影，幾十年間下落不明。

由於世事變遷，寒山寺裡的第二塊詩碑也不知去向，於是，公元一九〇六年，陳夔龍重修寒山寺時，有感於滄桑變遷，古碑不存，請時任兩江總督曾國藩的得意門生俞樾，手書了第三通〈楓橋夜泊〉石碑。

【閱讀連結】

說起寒山寺的寺門，曾經有一段發生在三百多年前的故事：一次，清代初年的詩壇領袖之一王士禎來到蘇州，把船停在楓橋。在風雨交加的夜晚，他卻穿上鞋子，讓隨從點起火炬，在寺門上題了兩首詩。其中一首詩名叫〈夜雨題寒山寺寄西樵、禮吉〉：

「日暮東塘正落潮，孤篷泊處雨瀟瀟。疏鐘夜火寒山寺，記過吳楓第幾橋？」

詩中寄託了作者對遠方西樵、禮吉這兩位弟兄的思念之情。

王士禎揮筆題完兩首詩後，便揮袖離去。人們都以為王士禎的舉止過於狂妄，但是王士禎出色的文采卻使這座古剎生輝不少。

▍七級寶塔的千秋回首

普明塔院是寒山寺又一不可多得的人文景觀。這座寶塔位於寒山寺藏經樓的後面，院中的建築造型古樸莊重，具有濃郁的唐代建築風格。

塔院的平面呈漢字「回」字形，裡面有普明寶塔、法堂等多處建築。其中，普明塔院的主殿是法堂，這是寒山寺裡名師高僧宣經論法的場所。法堂坐北朝南，共有五間，高居院北的台基上。

■法堂和青銅寶鼎

　　法堂前有一個露台，下有碧池環繞。露台正中立有九龍五鳳青銅寶鼎，寶鼎的器形及紋飾都是依照商周時期古鼎的樣式，以九龍五鳳分別裝飾鼎耳、鼎腹、鼎足等各部分，寓意「龍飛九天，鳳鳴五方」。寶鼎的整體設計更蘊含了「國運強盛、人民幸福」的主題。

■趙孟頫（公元一二五四年至一三二二年），字子昂，號松雪，松雪道人。元代著名畫家，楷書四大家之一。他博學多才，能詩善文，書法和繪畫的成就最高，開創了元代新畫風，被人稱作為「元人冠冕」。書法尤以楷、行書著稱於世。

　　法堂的兩側環繞著迴廊，廊壁間嵌有五、六十通石刻，其中不乏有元代書法家趙孟頫所書《金剛般若波羅蜜經》；清代篆刻家、書法家鄧石如所書《般若波羅密多心經》；及著名國畫藝術家謝孝思繪的〈十六羅漢像〉等碑刻。

　　普明寶塔為仿唐木結構樓閣式塔，原有七層，為此，此塔也被稱為七級寶塔。現存的寶塔為五層，修建於中華人民共和國時期，由須彌座台基、塔身、塔剎三部分組成，總高四十二點二公尺。

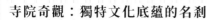

■寒山寺普明寶塔

　　寶塔的建築藍圖，是以敦煌壁畫中唐塔造型為樣本，同時參考山西五台山南禪殿、佛光殿，以及揚州平山堂的建築形式設計。

　　寶塔台基為花崗石材料，高二點一公尺，寬十六公尺。四邊有台階拾級而上，氣勢宏大。平台四周花崗石斗拱托起石欄杆，石欄立柱上整體圓雕牡丹花。台基外四角，各立小青銅臥獅一座。

塔身高三十點五公尺，筒壁厚度僅十四公分，「木構方體，敦厚莊重，層閣復疊，聳然暈飛」。寶塔西東南北四門，各懸「普明寶塔」區額。

寶塔的二層到四層的頂面是各種幾何造型的平板，上面繪製佛門演變發展的圖像。塔身出檐飄逸，翼角端莊，各層漸次收進，底層對邊為八公尺，第五層對邊為五公尺。塔中設天室、地室各一。地室在底層塔內，邊長二點八公尺，深二點二公尺，裡面供有四面佛；天室在四層樓面下，邊長一點二公尺，高零點八公尺，留作供放寶物。

樓閣式塔建築形式來源於中國傳統建築中的樓閣。佛教傳入中國後，為了適應中國的傳統習慣，利用人們對多層樓閣通天的寄託，以樓閣形式作為禮佛的紀念性建築物。

塔剎是指佛塔頂部的裝飾，位於塔的最高處，是「冠表全塔」和塔上最為顯著的標記。「剎」來源於梵文，意思為「土田」和「國」，佛教的引申義為「佛國」。各種式樣的塔都有塔剎，所謂是「無塔不剎」。從結構上說，塔剎本身就是一座完整的古塔。它由剎座、剎身、剎頂和剎桿組成。

塔剎高九點六公尺，相輪直徑二點四公尺，由覆鉢、仰蓮、相輪、華蓋、三花蕉葉、寶珠、剎鏈、風鈴等組成。重約十二噸，黃銅鑄就，外貼金箔，光華四射。華蓋和水焰上各有四組八個和六組十二個飛天女，水焰外圈、七重相輪和四個方位剎鏈上，以及各檐層下共設置了一百零八個風鈴。

登上寶塔，東望蘇州古城，南看蘇州新區和大運河，可見北面的虎丘山和西面的獅子山，吳中美景幾乎盡收眼底。

此外，在寶塔裡還有一通詩碑，是由研究文徵明的專家周道振集文徵明的字，而書寫的〈楓橋夜泊〉。詩碑重現了以往碑刻大家的風範，使寶塔再次增輝。

■寶塔內佛像

　　然而，在日本侵華期間。日本人松井石根企圖盜奪寒山寺的詩碑。愛國志士錢達飛挫敗了松井石根的奪碑計劃，用自己的生命護住了這通珍貴的詩碑。

　　後來，寒山寺又經修葺。藏經樓修好後，改名為霜鐘閣。當時，為寺院題詠的共有九十多人，詩詞一百五十多首。

　　藏經樓是原來收藏陳放經書處，樓屋頂有《西遊記》中孫悟空、唐僧、豬八戒、沙悟淨的雕塑像。

　　一樓內牆壁上嵌有《金剛般若波羅蜜經》的經文。還嵌有明代傑出書畫家的書法碑刻。

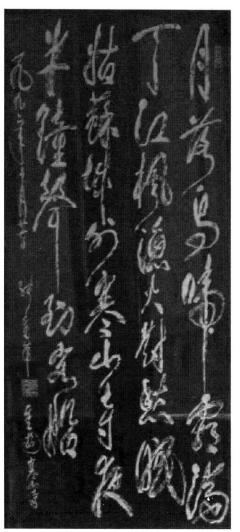

■寒山寺的〈楓橋夜泊〉碑刻

　　然而，由於年代的動盪，寒山寺始終處在危境中，香客稀少，門庭冷落，收入無著。在這種境況下，很多僧侶都被迫離開寺院。

　　日本侵占蘇州時，寒山寺的殿堂房舍曾經一度淪為日軍的倉庫和馬廄。當時，寒山寺僅有兩三名寺僧。然而，即使是這幾個僧人，日子也異常的艱難，只能夠依靠經營浴室、菜館或賣字賣帖，勉強餬口。

　　蘇州地處長江三角洲，位於江蘇省東南部，古稱吳郡。自文字記載以來已有四千多年的歷史。蘇州古城始建於公元前五一四年，公元五八九年更名為蘇州。蘇州歷史悠久，以「上有天堂，下有蘇杭」而馳聲中外。

　　作為千年古剎，在歲月和戰火的洗禮下，寒山寺很多地方都遭受不同程度的損壞。因此，寒山寺的保護工作顯得尤為迫切。中華人民共和國成立以後，政府對寒山寺進行了多次修復。

　　寒山寺大體修好之後，主持修葺的謝孝思感到入門右邊特別空曠，就打算在寺的右邊空閒處建一樓閣，既增景觀，又可供往來人們休息。

　　據史料記載，寒山寺曾經有一座「楓江第一樓」，後來毀於戰火兵災。於是，謝孝思開始籌劃恢復「楓江第一樓」。

　　楓江又名楓溪，發源於廣東省潮州市筆架山，是揭東縣的母親河，每年沿江村莊都會舉行或大或小的龍舟競渡活動，傳承民族文化。

　　就在謝孝思冥思苦想之際，當時「文管會」的胡覺民跟他提起在修仙巷宋家有一棟樓閣，叫花籃樓，建築雖已頹敗，但是雕刻卻十分精緻。

■史可法為明末政治家，軍事統帥。字憲之，又字道鄰。東漢溧陽侯史崇第四十九世裔孫。
明代南京兵部尚書東閣大學士，因抗清被俘而死，是著名民族英雄。南明朝廷謚之忠靖，
清高宗追謚為忠正。後人收其著作，編為《史忠正公集》。

　　花籃樓的樓房只有兩根主柱，恰似花籃的提手，承受著全樓的重量。而
一般的樓房，起碼要有四根以上的柱子。

　　一樓在大梁與前簷的接榫處，換卜了兩個雕刻精細的花籃。

　　盤旋而上的螺旋式的樓梯，只依靠一根圓柱來承受全樓梯的重量。

　　花籃樓在建築風格上，與眾不同，有其一定藝術價值。

■寒山寺塔樓遠景

　　二人商量好後，就來到宋家說明來意。宋家兄弟深明大義，把花籃樓無償地捐贈給寒山寺。

　　當楓江第一樓建成後，謝孝思等人前去觀看，花籃樓不大不小，油漆一新，工程人員又選來一套古色古香的桌椅安於樓內。簡直就像天造地設的一樣。

　　花籃樓內懸有著名畫家吳伯韜的〈煙雨圖〉，兩側竹刻聯是明末政治家史可法書名句：「斗酒縱觀廿一史；爐香靜對十三經。」橫額由謝孝思請他的老師呂鳳子先生隸書五個大字：「楓江第一樓」。從此後，七級寶塔與楓江第一樓就如寒山寺的兩顆明珠，巍然屹立。

　　寒山寺的鐘樓為二層，八角。樓下的石碑為重修寒山寺時所立的，正面碑文為程德全所撰，碑的背面刻有重修寒山寺時募捐者的名字和金錢額。

　　現在的鐘樓建築和這裡的鐘都不是唐代的，鐘也是清代光緒命人重鑄的，距今已有一百多年的歷史。

　　樓閣是中國古代建築中的多層建築物。早期樓與閣有所區別，樓指重屋，多狹而修曲；閣指下部架空、底層高懸的建築。後來樓與閣互通，無嚴格區分。

樓閣多為木結構，構架形式有井幹式、重屋式、平坐式、通柱式等。佛教傳入中國後，修建的佛塔即為樓閣建築。

■寒山寺鐘樓

傳說張繼詩中的鐘，就是懸於原來這裡的鐘樓上。詩人張繼去長安赴考時遭遇安史之亂，逃難途經寒山寺，夜泊於楓橋附近的客船中，夜裡難以成眠，聽到寒山寺傳來的鐘聲，有感而作。

現在，除夕聽鐘是寒山寺的一個重要活動，每逢除夕，人們都不遠千里，專程前往寒山寺聆聽那一百零八下祈祝新年的鐘聲。

【閱讀連結】

關於寒山寺為何要敲響一百零八個鐘聲，歷來有兩種說法，一種來自佛教，一種來自中國節氣。

　　按照佛教傳說，凡人在一年中有一百零八種煩惱，只要聞聽鐘聲，便可「煩惱清，智慧長，菩提生」。所以，每年除夕之夜，中外信士雲集寒山寺，聆聽鐘樓中發出的一百零八響鐘聲。

　　另一種說法是，每年有十二個月、二十四節氣、七十二候，即五天為一候，相加正好是一百零八。敲鐘一百零八下，表示一年的終結，有除舊迎新的意思。不管是來自哪種傳說，都表達了人們「辭舊迎新，祈禱平安」的美好心願。

恆山勝景　懸空寺

　　懸空寺又名玄空寺，始建於一千五百多年前的北魏後期，位於山西渾源縣。是中國最著名的一座懸空寺，也是佛、道、儒三教合一的獨特寺廟，集中國古代建築的精華。寺內共有殿閣四十間，利用力學原理半插飛梁作為寺基，巧借岩石暗托梁柱，其建築特色可以概括為「奇、懸、巧」三個字。

▌太武帝聽信讒言大肆滅佛

　　在南北朝時期，統治北方的是北魏王朝。北魏為了統一北方，鞏固在中原的統治地位，把百姓都訓練成軍兵。

　　那時，由於沙門可以免除租稅、徭役，所以太武帝在公元四三八年下詔，凡是五十歲以下的沙門一律還俗。

懸空寺全景

　　隨著政治勢力的分裂，道教也分為南北天師道場。北魏的統治者為了藉助道教的神權，進一步鞏固統治地位，把道壇也從平城移至於恆山，同時也是為了讓道士傾心煉丹，以滿足帝王長生不老的願望。

道場為梵文的意譯，音譯為菩提曼拏羅。如《大唐西域記》卷八，稱釋迦牟尼成道之處為道場。後借指供佛祭祀或修行學道的處所。也泛指佛教、道教中規模較大的誦經禮拜儀式。

　　道壇地處金龍峽谷口的翠屏山，遠離人煙，更符合道家的「不聞雞鳴犬吠」的建觀理念。

■太武帝（公元四〇八年至四五二年），北魏太武帝拓跋燾，字佛貍，鮮卑族，北魏第三任皇帝。在位期間，親率大軍滅亡胡夏，北燕，北涼等諸多政權，統一北方。在位二十九年，謚太武皇帝，廟號世祖。

　　公元四九一年，建築師按照寇謙之道長「上延宵客，下絕囂浮」的遺訓，修建了「崇虛寺」，後來人們根據崇虛寺建築懸空的特點，改稱「懸空寺」。自北魏以後，歷朝都對懸空寺進行過修繕。

　　後來，太武帝聽信宰相崔浩的讒言，改信寇謙之的天師道，排斥佛教，並漸次發展成為滅佛的行動。

　　崔浩自幼養尊處優，又生得俊朗。不僅博覽經史，陰陽五行，精通百家之言，而且深研義理，出類拔萃。崔浩承繼父業後，入仕朝廷。從道武帝至明元帝，官至左光祿大夫，父子倆都是朝廷的近臣。

　　大夫，古代官名。西周以及先秦諸侯國中，在國君之下有卿、大夫、士三級。大夫世襲，有封地。後世遂以大夫為一般任官職之稱。秦漢以後，中央要職有御史大夫，備顧問者有諫大夫、中大夫、光祿大夫等。至唐宋尚有御史大夫及諫議大夫之官，明清時廢。又隋唐以後以大夫為高級官階之稱號。

　　由於崔浩主張利用漢人，實行漢制治國，得罪了部分鮮卑貴臣。太武帝迫於眾人的非議，讓崔浩暫時辭官在家，然而大小國事，仍由崔浩決定。

　　寇謙之早年就熱衷仙道，修持由漢末張道陵、張衡、張魯創立傳承的五斗米道，跟隨方士來到華山、嵩山學道修煉，自詡曾經有太上老君授他天師之位及〈雲中音誦新科之誡〉。

　　五斗米道也就是天師道，它是道教早期的重要流派。關於它的起源，學術界有兩種觀點：傳統認為，五斗米道是張陵於一二六至一四四年在四川創立的；一種認為由張修在一八四年前創立於漢中。

■懸空寺門匾

寇謙之選中崔浩，是因為他認為崔浩是最合適的人選。而崔浩也想藉助寇謙之的道教，拉攏太武帝，藉助皇權實行自己漢化的主張。

　　於是，崔浩上書時極力推薦寇謙之。在上書中，崔浩先是贊太武帝聖德清明，又吹捧寇謙之如神如仙，蒞臨北魏，是上天降下的吉兆。聖上不該受到世俗的干擾，應秉承天命。

　　這個辦法果然奏效，太武帝聞奏之後十分高興，立刻將天師接到宮中，並派人奉皇帛、犧牲，南下祭祀嵩山，還將寇謙之在嵩山的弟子接到平城。於是「天師」、「帝師」，一齊擁來，宣布天下，顯揚新法，道業大盛。

　　寇謙之在宮中辟穀，不吃任何食物，依然精神奕奕。他扶乩請神，畫符鎮災，祈求太平；講經論道，施術弘教，深得太武帝的器重。

　　寇謙之位居帝師之位，便發布遵老君訓誡改革天師道。同時，考慮到大魏治國必須用到儒學，而自己幼不好儒，成為缺陷，現在應急起直追，請教大儒崔浩。而崔浩有求必應，急需應用，稍稍彌補了自己的儒學空白的短處。崔、寇兩人用儒道治國的策略，在朝中逐漸得到各大臣的讚許。

　　大儒也稱為鴻儒，多指有學問、品德高尚的知識分子。舊時指學問淵博的著名學者。在中國歷史上出現的大儒有很多，如孟子、朱熹、顧炎武等。

　　辟穀又稱「卻谷」、「斷谷」、「絕谷」、「休糧」、「絕粒」等，即不吃五穀，而是食氣，吸收自然能量。過去道家當作修煉成仙的一種方法，而今辟穀是運用能量來修養身心。

　　隨後，太武帝在平城東南建立天師道場，自稱太平真君，並且親受符籙，興建靜輪天宮，奉祀太平真君，改年號為太平真君，成了道教徒。

　　寇謙之為了取得皇帝的信任，他大顯身手，積極參加了北魏的軍事行動。

　　公元四二五年，大夏王赫連勃勃病亡，他的兒子赫連昌繼位。對於是否攻伐大夏，北魏朝臣的意見並不統一。

　　崔浩主張征戰，長孫嵩主張講和，而太武帝本人則傾向於主戰，但意志不堅定。於是，特意請來寇謙之「天師」決定吉凶。

■懸空寺建築

■恆山懸空寺佛像

寇謙之首先同意崔浩的意見，又自認為大夏歷來窮兵黷武，民心不安，又新喪國君，政局不穩。如出兵征伐，一定會一石三鳥，取勝而歸。於是，寇謙之在宮中，大做法事，祈禱勝利。

　　寇謙之對太武帝說：「此戰必克，陛下以武應天運，當以兵定九州，後文先武，以成太平真君。」

　　太武帝聽了寇謙之的話，十分高興，於是親率一萬八千名輕騎西征，挫大夏元氣，俘敵軍數萬，繳獲牲畜十萬多頭，劫掠夏人一萬多家後凱旋。

　　就這樣，寇謙之以他的道術、法術和權術、謀術，環環相扣，術術應手，終於在鮮卑族主導的大魏站穩腳跟，實現了「國師」的夢想。

　　鮮卑族是中國古代北方阿爾泰語系的遊牧民族，其族源屬東胡部落，興起於大興安嶺山脈。先世是商代東胡族的一支，曾歸附東漢。漠北的匈奴併入鮮卑後，勢力逐漸強盛。

　　寇謙之改革後的新天師道，在北魏轟轟烈烈地發展著。太武帝崇奉天師，顯揚新法，並下詔給寇謙之和他的弟子們授予高官顯爵，但是卻被寇謙之婉言謝絕。太武帝下令百官對寇謙之要用以神仙的禮節來相待。

　　神仙，在神話傳說中指一些具有特殊能力、並且可以長生不老的人；道家指人所能達到的至高神界的人物。比喻能預料或看透事情的人；又比喻逍遙自在、無牽無掛的人。

　　新天師道為中國五世紀的道教派別，創始人為寇謙之。這個新的道教不論是在教義教規上，還是在組織制度上，都集合了以前所有教派的優點。

　　太武帝還下令，專門為寇謙之師徒在京城東南修建一座五層高的道壇，遵照他的新經理論，取名「玄都壇」。

　　道壇裡居住道士一百多人，都由朝廷供給衣服和食物。道士和道徒每天都要「齋肅祈請，六時禮拜」，每月舉行一次「廚會」，有數千人參加，費用都由朝廷供給。

　　公元四四〇年是太延六年，太武帝根據寇謙之的建議，改元「太平真君」，後來又被寇謙之邀請，親自到道壇接受符籙。

　　符籙是道教中的一種法術。符指書寫於黃色紙、帛上的筆畫屈曲、似字非字、似圖非圖的符號、圖形;籙指記錄於諸符間的天神名諱祕文。道教聲稱，符籙是天神的文字，是傳達天神意旨的符信，用它可以召神劾鬼，降妖鎮魔，治病除災。

■古老的銅門環

從此以後，北魏的歷代皇帝即位時，都到道壇受符籙，並成為一種法制，依此作為鮮卑拓跋部統治漢族的一種依據。

在寇謙之去北魏平城以前，朝廷上下多信仰佛教，寇謙之的新天師道得到太武帝的崇奉之後，自然影響到佛教的發展，但是當時太武帝對佛教並沒有惡意。後來，太武帝發現某些僧尼不守清規，非常怨恨，才下令禁止僧俗來往。

清規是中國禪宗寺院的規程，也稱清眾日常行事的章則，可說是中世以來禪林創行的僧制。後引申為供人遵循的規範；指佛教或道教規定信徒應守的清規。

公元四四六年，太武帝發現長安佛寺的僧人與起兵反魏的胡人蓋吳有關，便下令誅殺長安沙門。第二年，太武帝又下詔各州殺僧人、毀佛像，禁止百姓信佛。

一時間，北魏的佛教受到了摧毀性的打擊而漸趨衰敗。這就是歷史上有名的「三武一宗」滅佛事件的「太武滅佛」。然而，寇謙之對太武帝的滅佛活動，並不太熱心，甚至反對。他認為道教已經處於國教地位，佛教已經無力相爭，沒必要排斥佛教。

三武一宗又稱「三武之禍」，指的是北魏太武帝滅佛、北周武帝滅佛、唐武宗滅佛這三次事件的合稱。這幾位皇帝曾經發動過毀滅佛法的事件，使佛教在中國的發展受到很大打擊。

寇謙之認為新大師道吸收不少佛教義理。道佛互相融合，可以共處，根本不必發展到你死我活的地步。寇謙之更認識到，以太子晃為首的鮮卑貴族崇佛抑道，排斥佛教過於激烈，勢必影響到政局的穩定。一旦政局不穩，也不利於道教的發展。

所以，對於執意滅佛的崔浩，寇謙之曾經多次和崔浩爭辯利害得失，崔浩就是不聽。崔浩想用儒家思想來治國安邦，以削弱貴族勢力。寇謙之意識到，崔浩的做法只是逞一時之快，最終定會招致殺身之禍。

■寺內古老的佛像

■懸空寺也可稱為玄空閣

　　寇謙之不僅想到了崔浩的未來災難，他也想到了自己的現狀。他以太武帝名義修建「靜輪天宮」，因「必令其高不聞雞鳴狗吠之聲，欲上與天神交接，

功役萬計，終年不成」，而遭到了皇太子一夥人的非議：「寇謙之想以無止境的時間，辦到不可能辦到的事，費損財力，疲勞百姓，恐怕不太合適吧？」

太武帝也認為皇太子的非議有一定道理，寇謙之也清楚這個內情。寇謙之還意識到他所招收的新老弟子，入京城之後，個個貪圖享受，無所長進，自己卻已經年過八十，道教後繼無人。而靜輪天宮已經歷時十八年，還是竣工無期，這種情形讓寇謙之感到力不從心。

■懸空寺的佛像

寇謙之感到生命快到盡頭。有一天，他對弟子們說：「當我寇謙之在世之日，你們可以求得榮華富貴，一旦我去世，這靜輪天宮真的很難修成啊！」

公元四四九年，寇謙之預言不久後，一天夜裡，他在尚未完工的靜輪天宮裡病逝，享壽八十三歲。

寇謙之病逝不久，崔浩也因為撰《魏史》時，在書中蔑視胡族，而遭到腰斬的刑罰，並且被誅連族中一百多人。

七年以後，太武帝的孫子文成帝繼位為第四代皇帝。他一反太武帝曾經的所作所為，立即展開「復法」活動。復法行動迅猛至極，一時「天下成風，朝不及夕。往時所毀廟寺，仍還修矣。」

【閱讀連結】

關於懸空寺的建造，民間傳說是由魯國著名的發明家魯班修建的。而且最早的時候，懸空寺一邊還有一座橋，橫跨金龍口，像一座彩虹和天峰嶺、翠屏山相連，橋上還有一座雲閣，叫雲閣虹橋。

話說，魯班兄妹前去恆山遊玩。兄妹倆走到金龍口，正趕上大雨。因無處避雨，兄妹便商議在這裡修一座亭子，以便過往行人避雨。妹妹修橋心切，草草完工，沒幾年就塌了。魯班修的懸空寺卻很結實。如今，在修雲閣虹橋的地方，石壁上仍見「雲閣虹橋」四個大字。

文成帝復法後三教融合

北魏太武帝的孫子文成帝宣布復法後，道教的發展勢頭被遏制，佛教卻以極快的速度迅速膨脹起來。這種膨脹帶來的直接後果，就是僧人不在寺廟唸經，而到處雲遊，結交村舍的地痞流氓，嚴重干擾當時的社會秩序。

這種狀況的改變是從孝文帝開始的。孝文帝當政以後，堅持把儒學放在三教的首位，大力發展儒學。孝文帝設立很多學堂，以供學習儒家經典，並採取爵祿獎賞等辦法，推動民眾學習。不僅如此，孝文帝還親自給臣僚闡釋講解儒家思想。

佛教在孝文帝當政時，不僅勢力極度膨脹，還因它極度抽象玄妙的理論獲得了深厚的群眾基礎。面對這種情況，孝文帝一方面繼續支持它的發展，另一方面，又對佛教加以控制，使佛教的發展不至於危害到政權的統治。

■孝文帝（公元四六七年至四九九年），魏孝文帝拓跋宏，北魏王朝的第七位皇帝，初姓拓跋，後改姓元。中國古代傑出的政治家、改革家，即位時僅五歲。孝文帝的改革促進了各族人民的融合和發展。

　　道教在孝文帝時期，勢力已經大不如太武帝時期，但是它「始終站在儒學與王權一邊」。道教「維護名教」的立場對維護統治者的統治有很大的好處。因此，孝文帝當政以後，繼續給予一定的人力財力資助，保持適度的發展規模。

　　透過孝文帝的努力，到了北魏後期，儒釋道三教之間的關係得到了有效的調和，並形成先儒後佛，輔以道教的發展格局。

　　中國山西自古就是兵家必爭之地，同時也是華夏文化融合的先驅。在這個地方建造懸空寺，自然是把兼容並蓄發揮到了極致。懸空寺的最高處主殿，也就是三教殿，此殿體現儒釋道三教合一。

■懸空寺遠景

■三教殿內佛像

　　主殿內正中端坐佛教的創始人釋迦牟尼，慈善安詳，左邊是儒家始祖孔子，微笑謙恭，右邊是道教宗主老子，清高豁達。

釋迦牟尼看上去泰然自若，悠然自得。的確，佛陀一生歷劫成道，悟出高深的思想智慧，成為三界的導師，實屬功德巍巍。與孔子同樣屈居次位的老子神態安詳，笑意盎然，一副與世無爭的道家本色。

　　歷劫，佛教語，謂宇宙在時間上一成一毀叫「劫」。經歷宇宙的成毀為「歷劫」，後統稱經歷各種災難。歷劫也是佛教的修行法門，要經過三大劫的修福修慧，再經過百劫時間的修相好，然後才可以圓成佛道。

■孔子（公元前五五一年至公元前四七九年），名丘，字仲尼，春秋末期，山東曲阜人。中國古代偉大的思想家和教育家，儒家思想的創始人。孔子集華夏上古文化之大成，被後世統治者尊為至聖先師。

　　佛陀簡稱為「佛」，意為「覺悟者」。佛陀包含了「斷」、「證」、「功德」、「四身」、「五智」。相傳古印度的王子悉達多出家修道後功德圓滿，被稱為「無上正等正覺」的佛陀。

■懸空寺內佛像

　　莊子姓莊名周，是中國先秦（戰國）時期偉大的哲學家、思想家、文學家。原是楚國公族，楚莊王后裔，後因亂遷至宋國，是道家學說的主要創始人之一。與道家始祖老子並稱為「老莊」。他們的哲學思想體系，被思想學術界尊為「老莊哲學」，然文采更勝老子。代表作品為《莊子》，名篇有〈逍遙游〉、〈齊物論〉等，主張「天人合一」和「清靜無為」。

　　三教殿內的儒釋道在友好的氣氛中和平共處，這不僅體現儒家的「和為貴」、「仁者愛人」、「智者見智」的思想；以及道家的「無量度人」、「禮度為先」的追求；同時還體現佛教的「普度眾生」、「大慈大悲」的慈悲心腸。

　　三教思想的融合，指點人世化解矛盾紛爭。這樣一座世間罕見的釋道儒三教始祖同居一室的情況，正是古人的聰明之處。

　　中國歷代的統治者所信仰的不外乎是這三種宗教，因此，不論怎樣改朝換代，懸空寺都能迎合不同統治者的需要，它所受到的庇護是其他寺廟所無法比擬的。即使地處兵家必爭之地的恆山，懸空寺不但沒有遭到破壞，歷朝歷代還加以維修、完善，足以說明天下渴望和平的無窮力量。

　　其實這種「三教合一」的宗教思想源於特定的歷史時期。

魏晉南北朝時期，普遍流行著談《老子》、談《莊子》、談《周易》的「三玄」之風；在民間流行著道教與佛教。

從漢代末年開始，中國經歷了將近四百年的社會大動亂。關於國人的信仰，歷來就有「盛世信皇帝，亂世信神仙」的說法。

從北魏到遼金年間，北方地區各民族開始不斷地融合，宗教信仰也相互滲透，從而出現了「三教合一」的宗教思想。

在三晉人士中，最早主張三教兼容的是東晉的高僧慧遠。慧遠視佛教為內道，儒教為外道，按照他的說法「內外之道，可合而明矣」。也就是說，把儒學和道學滲入佛學，更能弘揚佛法。三教兼容在山西寺廟中的反映最為明顯。

慧遠大師，俗姓賈，中國東晉人。居廬山，與劉遺民等同修淨土，是淨土宗的始祖。慧遠勤思敏學，精通儒學，旁通老莊。二十一歲時，前往太行山聆聽道安法師講《般若經》，於是發心出家，隨從道安法師修行。

公元一九五七年，懸空寺被列為山西省重點文物保護單位。公元一九八二年，懸空寺列入全國重點文物保護單位。

《周易》為中國的古哲學書籍，是建立在陰陽二元論基礎上，對事物運行的規律加以論證的書籍，其對於天地萬物進行性狀歸類，天干地支五行論，甚至精確到能對事物未來發展做出準確預測。

【閱讀連結】

恆山懸空寺的三教殿中，供奉著老子、釋迦牟尼、孔子的塑像。高平縣上董峰村聖姑廟中的三教殿，也有三教創始人的塑像。婁煩縣的三教寺，不僅大雄寶殿內供奉三教創始人，寺內還有道家的文昌廟、儒家的孔廟。稷山縣青龍寺壁畫，更是三教人物濟濟一堂。

看來三晉人士並不贊成三教之間的互相攻擊，力求從三教圓融中汲取精神力量。而在山西眾多三教兼容的寺廟中，最具代表性的仍是恆山的懸空寺。

▌懸空建築史上的一朵奇葩

懸空寺始建於北魏時期，修建在恆山金龍峽的懸崖峭壁間，面對恆山，上面是危岩，下面是深谷，整個樓閣懸在空中，結構巧奇。這座純木的建築，遠遠望去就像一座玲瓏剔透的浮雕。

懸空寺屹立在懸崖峭壁上已有一千五百多年的歷史，與中國歷朝歷代的名山古剎相比，懸空寺具有很多獨一無二的特點。而這些特點主要體現出古典建築手法。

懸空寺的建築特色主要體現在三方面：一為懸，它遠離地面五十多公尺，棧道巍巍；二為巧，它因地制宜，立體空間發展；三為奇，它選址創新，能在懸崖上建廟宇。

棧道是在險絕處傍山架木而成的一種道路。《戰國策·齊策六》：「為棧道木閣而迎王棧道與後於城陽山中。」《史記·高祖本紀》：「楚與諸侯之慕從者數萬人，從杜南入蝕中。去輒燒絕棧道，以備諸侯盜兵襲之，亦示項羽無東意。」

在懸空寺最初建立的時候，寺院曾經高出地面近一百公尺，而支撐寺院的僅僅是十多根碗口粗的木柱。

■支撐寺廟的木柱

　　古人有云：「誰結爪梯高萬丈，我聞佛法演二乘。憑虛頓悟心無往，好步禪關最上層。」

　　懸空寺最大的特色就是懸，它的懸，在「欲接近天空脫離塵世」方面，有著獨具匠心的體現。在峭壁上凌空而構的懸空寺，最高的三教殿離地面五十八公尺。

　　據說，從前懸空寺比起現在的還要更加懸，是由於人們在緊靠寺廟上方的峽谷上修水庫，大量的碎石泥渣傾瀉下來，使得河床抬高，懸空寺也因此而「變矮」了。

　　儘管如此，「變矮」了的懸空寺仍然讓人驚嘆。這組古老的建築只用了十多根碗口粗的木柱支撐，連接兩樓的棧道也是完全懸空的，幾根木柱不完全受力，有些木柱用手甚至都可以晃動。

　　金龍峽風景區位於秦嶺北麓的將軍山西側，原始植被保存完整，有「萬畝槐林氧吧」之稱。以「瀑布群落、林海氧吧、大峽風光、九峰疊翠、原始人文」五絕稱著，是中國北方第一原始大峽谷。

■懸空寺山崖上的石刻

　　「上載危崖，下臨深谷」，其中的驚、險不言而喻。再加上懸空寺下面支上的木柱給人以錯覺，以為整個建築就只是這麼幾根細細的木頭支撐著，加重了「懸」的氣氛，寺懸人心更懸。

　　站在樓上往下看，峭壁就像刀削似的立在身下，向上看則是危峰聳入雲霄，人也像這寺的名字一樣懸在半空中。

　　清代文人吳禮嘉在〈題懸空寺〉中這樣寫道：

　　「飛閣丹崖上，白雲幾度封？夢懸千澗月，風落半空鐘。

　　樹抄流清梵，檐前宿老龍。慧光千萬丈，日夕滿恆宗。」

同代文人王湛初也有首詩《遊懸空寺》，詩中寫道：

「誰鑿高山石，凌虛構梵宮。蜃樓疑海上，鳥道沒雲中。

莫訝星樞近，應知帝座通。恆河沙作觀，大地總成空。」

梵宮為梵天之宮殿，後來成為佛寺的名稱。

恆河沙為佛教用語，在佛教經典中常用來比喻數量之大，也作恆沙。恆河發源於中國西藏的喜馬拉雅山，由於源高且遠，河寬且長，河中的沙細且多，為閻浮提諸河所不能相比，又為大家所悉知悉見，所以佛說法時，常以譬喻極多之數。

後來介紹懸空寺的人則把吳禮嘉的〈題懸空寺〉和王湛初的〈遊懸空寺〉合在一起，共同來形容懸空寺的「懸」。

「飛閣丹岩上，白雲幾度封。蜃樓疑海上，鳥道沒雲中。」

■以「懸」聞名的建築群

在兩首詩中各挑一句寫的最妙的詩句來形容懸空寺，真是將懸空寺的「懸」展現到了極致！

■千手觀音又稱千手千眼觀世音、千眼千臂觀世音等。千手觀音是阿彌陀佛的左協助，
　與阿彌陀佛、大勢至菩薩（阿彌陀佛的右脅助）合稱為「西方三聖」。

　　懸空寺的第二大建築特色是巧，它的巧，可以說是巧奪天工。在懸崖峭壁極其有限的空間裡，要建造一座蔚為壯觀的寺院實屬不易，我們不得不驚嘆古人在設計上的奇思妙想。

　　整個寺院，背岩依龕，寺門向南，以西為正。全寺為木質框架式結構，依照力學原理，半插橫梁為基，巧借岩石暗托，梁柱上下一體，廊欄左右緊連。

　　懸空寺的總體布局為寺院、禪房、佛堂、三佛殿、太乙殿、關帝廟、鼓樓、鐘樓、伽藍殿、送子觀音殿、地藏王菩薩殿、千手觀音殿、釋迦殿、雷音殿、三官殿、純陽宮、棧道、三教殿、五佛殿等。殿樓的分布都為對稱中有變化，分散中有聯絡，曲折迴環，虛實相生，小巧玲瓏，空間豐富，層次多變，小中見大。

　　禪房為佛教寺院建築的一部分，僧徒尼姑的靜修居住、講經誦佛的房屋，也泛指寺院。禪也是古印度梵語的漢語譯音詞「禪那」的簡稱，後為佛教所吸收，為「三無漏學」與「六度」之一，是佛教禪宗的一種修持方法。

古代中國的婦女崇拜佛教中的送子觀音，相信觀音能夠送子。觀音在佛教中並不是最高神，但有了送子一說，便在中國影響很大。觀音是隨著佛教而進入中國的，並受到中國文化的影響而產生變化。

懸空寺的所有建築占地一共僅有一百五十二點五平方公尺，卻建有大小殿閣四十多間，大的殿閣不超過四十平方公尺，小的還不足五平方公尺。懸空寺因岩結構，揚長避短，平面面積不夠，就設法把寺院立起來，充分利用了建築物的立體空間。

寺院房間高低上的連接問題，則巧妙地利用天窗、石窟、棧道。四十多間殿堂就在對稱中有變化，變化中有聯繫的情況下，巧妙地連為一體。整個建築群體沿山峰的走向由南向北逐步升高，暗含著道家修煉、得道、成仙的神化過程。

寺廟布局既不同於平川寺院的中軸突出、左右對稱，也不同於山地宮觀，依山勢逐步升高的建築格局，而是充分利用峭壁的自然狀態，巧妙和諧地將一般寺廟的平面建築建造在立體的空間中，山門、鐘鼓樓、大殿、配殿沒有一個缺少的。

■懸空寺共有四十多間佛殿

■懸空寺佛像

殿樓分布對稱中有變化、分散中有聯繫，層次多變而不單調，走在小小的內室中，不僅不覺得擁堵，反而覺得有種渾然天成的感覺，令人不得不嘆服於古代匠師的鬼斧神工。

樓閣裡的設計也極其巧妙，不僅有懸梯、天窗、屋脊、棧道的巧妙搭配，而且路線的設計也獨具匠心，遊覽整個寺廟，絕對沒有出現重複的路線。在小小見方中達到這樣的渾然天成，足以體現設計者的匠心獨具和古人高超的建築本領。

整個建築的布局也是在隨山勢的情況下互相映襯。中國的建築講求寫意對稱，但是在這樣一座依山而建的建築中，對稱的美和變化的美交相呼應。既不覺得它是中國傳統建築中的異類，又不覺得它設計呆板而缺乏變化。遠遠望去，小巧玲瓏的建築好像一件精心雕刻出來的藝術品緊緊鑲嵌在峭壁間，簡直是天衣無縫。

懸空寺不僅外貌驚險，奇特、壯觀，建築構造也很有特色，建築形式豐富多彩。屋簷有單檐、重檐、三層檐；結構有抬梁結構、平頂結構、斗拱結構；屋頂有正脊、垂脊、戧脊、貧脊等。

正脊又叫大脊、平脊，位於屋頂前後兩坡相交處，是屋頂最高處的水平屋脊。正脊兩端有吻獸或望獸，中間可以有寶瓶等裝飾物。廡殿頂、歇山頂、懸山頂、硬山頂均有正脊，卷棚頂、攢尖頂、盝頂沒有正脊，十字脊頂則為兩條正脊垂直相交，盝頂則由四條正脊圍成一個平面。

垂脊為中國古代屋頂的一種屋脊。在歇山頂、懸山頂、硬山頂的建築上自正脊兩端沿著前後坡向下，在攢尖頂中自寶頂至屋簷轉角處。垂脊上有垂獸作飾物。其中歇山頂垂獸在垂脊下端，其餘則在垂脊中間偏下的地方。卷棚歇山、懸山、硬山等級較低，不一定安置垂獸和蹲獸。

懸空寺的總體外觀重重疊疊，造成一種窟中有樓，樓中有穴，半壁樓殿半壁窟，窟連殿，殿連樓的獨特風格。既融合中國古典園林建築藝術，又不失中國傳統建築的格局。

懸空寺內現存的各種銅鑄、鐵鑄、泥塑，石刻造像中，不少風格、體例具有早時期的特點，是具有較高藝術價值的珍品。

全寺建築先為三宮殿，再為三聖殿，最後為三教殿。這些殿宇小巧玲瓏，裡面卻大有乾坤。

■山西懸空寺

其中，三聖殿是懸空寺的重要殿堂，裡面同時供奉佛教創始人釋迦牟尼、道教創始人老子和儒教創始人孔子三位聖人的塑像，是三教合一的獨特殿堂。

由於這些殿堂都比較小，所以殿內的塑像也有些縮小的感覺，但是卻精巧中透著心細，如同米上雕刻一般，雖小卻依舊表情豐富，姿態奇特。

懸空寺的第三大特色就是奇，它的奇巧之處就在於它的因地制宜，布局合理。

清代人蔣覲在〈題懸空寺〉詩中這樣寫道：

「結構何玲瓏，層層十二空。簷前千蟑合，凍外八荒窮。

法鏡懸秋月，曇花映曉虹。凌虛不如著，俗障共君融。」

■懸空寺徐霞客遺蹟

　　顯然，懸空寺打破傳統以中軸線為中心對稱的寺廟建築布局，而是順沿著山勢布局寺廟，以西為正，大門南開，整個建築呈台階式分布。

　　寺院由寺院、南樓、北樓三部分由南向北延伸而成。每部分都有一座三層式的樓閣，分組成南北二樓上下對峙，樓閣之間有起伏窄曲的棧道相通。

■半公尺寬的走廊

　　棧梯設計得十分緊湊，站在只有半公尺寬的走廊裡，只能容納一個人透過，稱得上是「險境」。

　　而當站立在樓閣裡，看到飛檐翹角與蒼天群峰構成的畫面時，又感到一種透徹心靈的壯美。

　　懸空寺還有一個更奇巧的便是，它是一個「三教合一」、佛堂、道殿雙全的寺廟。既有佛教的三佛殿、釋迦殿、地藏殿、觀音殿、伽藍殿；又有道教的太乙殿、三宮殿、純陽殿和佛道共容的關帝殿；甚至還塑有孔子、釋迦牟尼、老子於一殿的三教殿。佛教、道教、儒教始祖能在一個殿堂裡供奉，不能不說是一種獨特的設計。

伽藍為僧伽藍摩的簡稱，譯為眾園，即僧眾所居住的園庭，也指寺院的通稱。伽藍神指保護伽藍（寺廟）的神。佛說有十八神保護伽藍，統稱伽藍聖眾菩薩。以關公形象為伽藍菩薩代表。

■懸空寺的彩繪門窗

這座寺院的全部建築都懸掛在峽谷的石崖當中。翠屏峰突兀直起，但石壁中間略呈弧形，懸空寺則恰好定位在弧形的凹底。

石崖頂峰突出部分形成天然屋簷，把整個寺院罩在裡面，周圍高山保護它，使它免受狂風侵蝕，少受烈日曝晒。

據當地人講，盛夏的時候，懸空寺一天只能見四小時的陽光，而嚴冬便見不到陽光了。

石崖上方突出部分成為天然頂棚，夏季暴雨降臨時，雨水從寺頂突出的岩頭上飛流直下，瀉入谷底，便給這瓊樓仙閣掛上了一排排晶瑩的水簾，使懸空寺可以躲過雨水沖刷。

仙閣即仙人的樓閣，也借稱道觀或宮殿，後來特指蓬萊閣。由於蓬萊閣下臨大海，殿閣巍峨，重檐八角，繞以迴廊，歷代文人學士多聚集於此，又因「仙閣凌空」又為蓬萊十大勝景之一，故稱蓬萊閣為「仙閣」。

隔著雨簾遙望天峰嶺，雲遮霧障，山色有無，妙不可言。因為建築全懸在半空，峽谷中洶湧的洪水對它毫無損害。

這座建築史上的奇觀能這般長壽，很大程度上仰賴建築大師們對自然環境的掌握，以及對未來的預測。

站在懸空寺上面，透過木頭的間隙往下望去，腳下便是萬丈深淵。然而，懸空寺在中國古代可是交通要道，人們將寺院建在這裡，是為了方便來往的信徒進香。

進香是指到聖地或廟宇燒香朝拜。佛教中，把燒香稱為進香。在世間，人們把有子孫後代稱為香火有人繼承。在佛教中，繼承香火，紹隆佛種更是意義重大。

另外，寺前的山腳下有河水流過，經常暴雨成災，河水泛濫。人們以為有天龍作祟，便想建浮屠來鎮壓，於是就在這懸崖上修建了懸空寺院。

在《佛學大辭典》中的解釋是：浮屠，也稱作浮圖、休屠、按浮屠，都是指佛陀之異譯。佛教為佛所創，古人因稱佛教徒為浮屠。佛教為浮屠道，後並稱佛塔為浮屠。

很多人都以為，懸空寺是由它下面碗口粗的木柱支撐而起的。其實有的木柱根本沒有受力，真正支撐寺院的是插進岩石內的橫木飛梁。

橫木飛梁是用當地的特產鐵杉木加工而成的方形木梁，深深插進堅硬的岩石裡。

木梁用桐油浸過，不怕白蟻咬，而且具有防腐作用。閣樓的底座就鋪設在這些橫木之上。另外，懸空寺下面的立木也為整個寺院能夠懸空起著重要作用。

這十多根木柱的每個落點都經過精心計算，有的木柱起承重作用，有的用來平衡樓閣的高低，有的要有一定重量加在上面才能發揮支撐作用，如果上面空無一物，它就沒有力量可以藉助了。

■大岩石內的橫木飛梁

　　懸空寺曾經躲過無數次天災。在渾源縣的歷史上有多次地震的記載。渾源縣在西漢開始設立，在唐代定名，因渾河發源於縣境內，因此叫渾源縣。渾源縣位於山西省東北部的大同盆地東南邊緣，地處桑乾河支流渾河中上游。

　　六級以上地震就發生了兩次，其中一次使渾源縣城百分之三十的房屋倒塌，給人民造成很大損失。懸空寺卻安然無恙，主要原因是建築上採用榫卯結構。

　　根據有關專家的猜測，懸空寺是一個典型的古代木結構建築，不但懸空的樓閣靠木材支撐在懸崖上，樓閣本身的框架結構也是由木質的梁柱組成，形成一個榫卯結構。

　　榫卯結構的最大特點，就是能防震。它能夠吸收震能，為彈性結構。

■榫卯結構即在兩個木構件上所採用的一種凹凸結合的連接方式。凸出部分叫榫或榫頭；凹進部分叫卯或榫眼、榫槽，這是中國古代建築、家具及其他木製器械的主要結構方式。

　　這種結構的建築在受到巨大外力作用時，部件彼此錯動，當外力消失時又能恢復原狀，所以不會遭到徹底破壞。這一結構的特性正是懸空寺在歷次地震中能夠倖免於難的主要原因。

　　懸空寺的頭頂是翠屏峰兩百公尺高的懸崖。從側面看，翠屏峰的立面是一個弧形。懸空寺所在的位置恰好是翠屏峰的最凹處，所以從山上滾落的岩石只會從懸空寺的前面直接落在地下，根本砸不到懸空寺。

　　懸空寺所處的位置在山上看是一個鍋底。這個鍋底上面，在雨季時候擋住雨。在日照的時候，它只有上午能夠照幾個小時，避免因曝晒而引起木質風化的現象。

■懸空寺內佛像

　　此外，懸空寺所在的翠屏峰俯瞰是一個內收的弧形，對面的橫山主峰也是一個內收的弧形。這就形成了一個天然的保護屏障，使得懸空寺能夠歷經千載而巍然屹立。

【閱讀連結】

　　一千五百多年以來，懸空寺飽經風雨侵蝕卻沒有發生變化和塌落，和它所選擇的環境是有密切關係的。兩座山的山峰就像兩隻手一樣包攏著懸空寺，使懸空寺的日照時間很短。

　　兩山之間的金龍口峽谷與其他峽谷也不一樣，渾源河從懸空寺腳下流過，懸空寺卻乾燥異常，峽谷的谷底風很大，但懸空寺的風卻非常小。這是因為

峽谷的出口十分狹小，不管多大的風吹進谷底，到了懸崖的凹處就會變小，大風吹走了渾河的水氣，反而保證了懸空寺的通風和乾燥。

▌詩仙李白揮毫留下墨寶

懸空寺以它的獨特魅力吸引了古往今來無數的遊人，許多文人墨客、專家學者慕名而來，為懸空寺留下了不少題詠之作。

公元七三五年，正值大唐盛世，李白遠遊來到恆山懸空寺，見此情景詩性大起，留下一首〈夜宿山寺〉。

■李白（公元七〇一年至七六二年），字太白，號青蓮居士，唐朝詩人，有「詩仙」之稱，中國古代偉大浪漫主義詩人。七六二年病逝於安徽當塗，享壽六十一歲。其墓在安徽當塗。

李白更為懸空寺揮毫題字，留下令後世稱奇的「壯觀」兩字，之所以稱奇，一則李白流傳詩歌雖多，但墨寶甚少；二則「壯」字邊上多出一點，這

並非筆誤，在中國書法中，稱為閒筆。可見一代詩仙不僅詩文卓著，書法造詣也頗深。

■巍峨壯觀的懸空寺

　　李白的一生，絕大部分時間都在漫遊中度過，遊歷了大半個中國。

　　當年，大詩人乘舟沿江而下，漸行漸遠，家鄉的山巒逐漸隱沒在視野，只有從三峽流山的水仍舊跟隨著他。

　　在山西遊歷的時候，李白還遊覽了懸空寺，第一次看到這樣巍峨壯觀的寺廟，李白不禁為之讚歎，並於當天晚上借宿在懸空寺中。

　　躺在床上，透過窗戶看見天上的月亮，李白夜不能寐，他當即思如潮湧，寫下了一篇流傳千古的名篇〈夜宿山寺〉：

　　「危樓高百尺，手可摘星辰。不敢高聲語，恐驚天上人。」

　　李白在這首詩中，運用了誇張的手法，描寫了寺中樓宇的高，抒發和表達了詩人嚮往神仙般生活的追求。

　　作品以極其誇張的技法來烘托懸空寺之高聳雲霄。字字將讀者的審美視線引向星漢燦爛的夜空，非但沒有「高處不勝寒」的感慨，反給人曠闊感，以星夜的美麗引起人們對高聳入雲「危樓」之嚮往。

　　作者夜臨「危樓」，從詩人「不敢」與「恐」的心理中，我們完全可以想像到「山寺」與「天上人」的相距之近，這樣，山寺之高也就不言自明了。

■寺內古老的佛像

　　山上的這座樓好像有三十多公尺高，站在樓上就可以用手摘下月亮和星星。我不敢在這兒大聲說話，恐怕驚動了天上的仙人，全詩語言樸素自然，卻十分生動形象。

　　這裡，詩人發揮大膽想像，渲染懸空寺之奇高，從而將一座幾乎不可想像的宏偉建築展現在我們面前。把懸空寺的高聳和夜晚的恐懼寫得很逼真，讓人身臨其境。

懸空寺的李白題字

　　第二天一大早，李白就要離開懸空寺了。他又覺得十分留戀，便揮毫在一塊石頭上書寫下了「壯觀」兩個字。後來有人將李白的墨寶刻成石碑，使千年後，我們還能在懸空寺看到李白的傳世墨寶。

【閱讀連結】

　　李白存世的詩文有一千多篇，代表作有〈蜀道難〉、〈將進酒〉等，有《李太白集》傳世。李白一生藐視權貴，曾流傳著「力士脫靴」、「貴妃捧硯」、「御手調羹」、「龍巾拭吐」等故事。李白肆無忌憚地嘲笑和批判當時的等級秩序、腐敗現象。

　　在天寶末年，李白又把反權貴和廣泛的社會批判聯繫起來，寫出不少佳作。他對大自然有著強烈的感受力，善於把自己的個性融入到自然景物之中。

徐霞客心中的天下巨觀

　　徐霞客是中國明代偉大的地理學家、旅行家和探險家。他出生在江蘇江陰一個有名的富庶家庭。祖上都是讀書人，稱得上是書香門第。

　　徐霞客的父親徐有勉一生不願為官，也不願同權勢交往，喜歡到處遊覽和欣賞山水景觀。徐霞客幼年時期受父親的影響，喜愛讀歷史、地理和探險、遊記之類的書籍。這些書籍使他從小就熱愛家國的壯麗河山，立志要遍遊名山大川。

■徐霞客（公元一五八七年至一六四一年），名弘祖，字振之，號霞客，漢族，江蘇江陰市人。偉大的地理學家、旅行家和探險家。作品被後人整理成《徐霞客遊記》。

　　公元一六三三年，就是明崇禎六年的七月初，徐霞客從家鄉江陰出發，計劃北上進入山西考察五嶽之一的恆山，也觀賞了奇絕天下的懸空寺。

　　懸空寺距地面高約六十公尺，最高處的三教殿離地面九十公尺，因歷年河床淤積，現僅剩五十八公尺。懸空寺發展了中國的建築傳統和建築風格，整個寺院，上載危崖，下臨深谷，背岩依龕，寺門向南，以西為正。

■懸空寺大殿一角

　　全寺為木質框架式結構，依照力學原理，半插橫梁為基，巧借岩石暗托，梁柱上下一體，廊欄左右緊密相聯。徐霞客在遊懸空寺時，盛讚其為「天下巨觀」，以此形容他心中那種澎湃的心情。

　　地處黃土高原東部的山西，是中國古代文明的發源地之一，那裡的名山大川，名勝古蹟，以及蘊含其中的文化內涵，為地理學家徐霞客所景仰。而遊歷考察恆山，則是他幼年蓄志遊五嶽計劃中不可或缺的一部分。

　　五嶽即東嶽泰山、南嶽衡山、西嶽華山、北嶽恆山、中嶽嵩山。泰山和嵩山曾是帝王封禪祭祀的地方，更是帝王受命於天，定鼎中原的象徵。

　　但是，到四十歲時，已經考察了祖國大半河山的徐霞客，還沒有去過山西的恆山。他對好友王思任說：「予所憾者渾源之北嶽，桂林之千筍，未曾置足焉。」

　　桂林是世界著名的風景遊覽城市和歷史文化名城。是廣西壯族自治區最重要的旅遊城市，享有「山水甲天下」的美譽。

■五台山位於中國山西省的東北部，與四川峨眉山、安徽九華山、浙江普陀山共稱為「中
　國佛教四大名山」。是中國佛教及旅遊勝地，列中國十大避暑名山之首。公元二〇〇九
　年被聯合國教科文組織列入世界遺產名錄。

　　徐霞客在四十八歲時，專程北上，終於完成夙願。對此，他的另一位友
人謝德溥在他來到南京時，特意寫詩相贈：「祇今更赴恆山約，可似青柯眺
白雲。」

　　意思是說，現今你更可以還宿願而遊恆山了，其意境就如同在山上綠樹
眺望白雲時候那樣舒心暢意了！

可見，徐霞客是以虔誠美好的願望開始晉地之遊的。徐霞客自如地遊走在山野間的平路上，他眺望周圍「高卑遠近」，連綿不斷的群山，詢問並查訪其名稱景況。

當徐霞客得知東面一座陡峭的大山名為龍山時，沒想到它竟然與恆山比肩而立。至此他已走到它的範圍內，並觀賞了它的真面目，這意想不到的收穫，也可以作為遊覽五台山遺漏之處的彌補吧。

從龍峪口東行約十公里，折西北順大道便可直抵恆山之下。在離恆山尚有五公里處，便見「其山兩峰互峙，車騎接軫，破壁而出」。

令徐霞客魂牽夢縈的北嶽恆山，便這樣氣勢宏偉地聳立在眼前。走近恆山時，只見「兩崖壁立，一澗中流」。

恆山主峰由天峰嶺與翠屏峰組成，兩峰對望，斷崖綠帶，層次分明，形成天然門關，稱為金龍峽口。峽口兩側奇峰插天，壁岸無階，兩山之間一水若帶、美如畫卷。徐霞客以上

描述與讚歎的正是恆山金龍峽口給遊人的最初印象。

■懸崖上的建築

徐霞客還注意到，兩邊山崖上，都鑿以石坎，其坎「大四、五尺，深及丈，上下排列」。他推測為「想水溢時，插木為閣道者，今廢已久，僅存二木懸架高處，猶棟梁之巨擘也。」這是古棧道的遺蹟。

金龍峽可說是石夾青天，最窄處不足十公尺。由於恆山東西綿延兩百五十公里，橫跨晉、冀兩省，西銜雁門關，東跨太行

山，南障三晉，北瞰雲、代，莽莽蒼蒼，橫亙塞上，從而使兩峰相夾的金龍峽口，成為古來的交通要沖，絕塞天險。

北魏時，道武帝發兵數萬人，在這裡劈山鑿道，作為進退中原的門戶。因此，峽口內的懸崖中腰，有古棧道盤繞，名為「雲閣」。徐霞客所見之石坎，全是「雲閣」遺蹟。

雁門關又名西陘關，位於山西省忻州市代縣縣城以北約二十公里處的雁門山中，是長城上的重要關隘，與寧武關、偏關合稱為「外三關」。有「天下九塞，雁門為首」之稱。

順峽谷行進，峽越隘，崖越高，北嶽恆山的第一奇觀懸空寺便出現在眼前了。徐霞客動情地描述著當時的觀感：

「西崖之半，層樓高懸，曲榭斜倚，望之如蜃吐重台者，懸空寺也。」

這望去恍若海市蜃樓般的懸空建築，在西側翠屏峰崖壁間，背西面東，經歷代增建修葺，大致形成一座從低至高，三層迭起的樓閣殿宇群。

離地幾十公尺，背靠絕壁，仍有三面環廊圍抱。殿宇相互交叉，飛起棧道相連，高低相錯，木梯溝通，曲折迂迴，虛實相交，可謂妙不可言。

■寺內著名的古詩石刻

徐霞客頓有「仰之神飛」之感，便「鼓勇獨登」，細覽勝景，他描述說：

■懸空寺下的書法石刻

「人則樓閣高下，檻路屈曲，崖既矗削，為天下巨觀。而寺之點綴，兼能盡勝，依巖結構，而不為巖石累者僅此；而僧寮位置適序，凡客坐禪龕，明窗暖榻，尋丈之間，肅然中雅。」

既有對「天下巨觀」的驚嘆，又有對布局奇巧，「肅然中雅」的讚美。徐霞客觀覽勝景後盡興而歸，當晚住在恆山廟山門側的鄉土人家，稍作休整，「為明日登頂計」。

八月十一日，風停樹靜，碧空如洗。徐霞客「策杖登岳，面東而上」。其行進的路線主要是望仙亭、虎風口、「朔方第一門」牌坊、寢宮、北嶽殿、北嶽山頂。

虎風口為恆山十八景之一，位於恆山大字灣的上方。原來有木牌坊一座，旁立豎著「介石」碑，現已不存。是一個峰迴路轉的路口，右為高入雲天的陡壁，左為不見溝底的深壑。

三晉相傳是山西省南部的翼城縣。古稱唐國，自古為晉南承東啟西的咽喉要地。西周時周成王封叔虞於此，後曾改稱晉。三晉文化實現了北方文化與中原文化的融合，對繼承和發展中華民族文化做出的歷史貢獻。

望仙亭位於齊雲山望仙峰與中和峰之間，兩峰夾峙，形成關隘。為齊雲山舊時「九里十三亭」中最後一亭。亭高九點六公尺，底層面積五四平方公尺，樓層面積四六平方公尺。

為了紀念徐霞客，山西人民在懸空寺旁邊為他築了一個亭子。每當讀他的日記，後人便對他不避艱險、風餐露宿的科學考察精神感奮不已。

懸空寺如今被列入全國重點文物保護單位。

為了加強對懸空寺的保護，懸空寺所在地政府對寺院進行維護。恆山懸空寺立足於旅遊景區控制，合理調節時間，力求做到保護與開發並重。

【閱讀連結】

《徐霞客遊記》是以日記體為主的地理名著。明末地理學家徐霞客經過三十四年的旅行，寫有十七篇名山遊記和數篇日記。徐霞客死後，後人把他的遺作整理成《徐霞客遊記》。主要記述作者旅行觀察所得，以及地理、水文、地質、植物等現象。

《徐霞客遊記》是中國最早的一部比較詳細記錄所經地理環境的遊記，也是世界上最早記述岩溶地貌並詳細考證其成因的書籍。徐霞客一生除特殊情況外，幾乎沒有停止旅遊。他的作品是地理學家和考古學家不可多得的研究材料。

揚州古剎　大明寺

　　古城揚州北郊，蜀岡如臥龍般蜿蜒綿亙。名揚四海的千年古剎大明寺，就雄踞在蜀岡中峰之上。大明寺原名通慧禪寺，始建於宋代，元代改為大明寺。公元七四二年，著名僧人鑑真在東渡日本之前，曾經在此傳經授戒，大明寺因此名聞天下，並在後來被譽為「揚州第一名勝」。

▌蜀岡峰上的千年名剎

　　古城揚州位於中國江蘇省，是一座歷史悠久的文化名城。在揚州北郊，蜀岡像臥龍一樣蜿蜒在山川。名揚四海的千年古剎大明寺，就雄踞在蜀岡的中峰上。唐朝的鑑真大師東渡之前曾在此處傳經授道，從此大明寺更是名揚天下了。

　　無論大明寺還是它的附屬建築，都是內涵豐富的民族文化寶藏。它集佛教廟宇、文物古蹟和園林風光於一體，在中國歷代都享有盛名。

　　大明寺初建於南朝的劉宋孝武帝大明年間，也就是公元四五七到四六四年間。一千五百多年以來，寺名曾經多次被更改，如隋朝稱為「棲靈寺」、「西寺」，最後才定名為大明寺。

　　大明寺的建築設計在一條南北中軸線上，整個寺院採取依山勢由低向高逐漸登升的布局，這也是中國寺院建築較多採用的傳統模式。寺內的主要建築有天王殿、大雄寶殿、臥佛殿、棲靈塔、鑑真紀念堂、平山堂、谷林堂、歐陽祠、西園等。

　　寺院正門朝南，門前是一座古樸的牌樓。青瓦紅柱，翹角飛檐，局部還有精緻的彩繪。在四根柱子下有四塊基石，沒有任何支撐，獨自昂立，十分偉岸。

■逐漸登升的寺院布局

　　在牌樓上方的正中，設有篆書「棲靈遺址」四個字的匾額，表示這座寺院就是古棲靈塔、古棲靈寺的舊址。在匾額背面有「豐樂名區」四個字，表明此地在原來屬於大儀鄉豐樂區，所以才題寫四字以示註明。牌樓是用上等的香材建築而成，下面鋪有白玉石。

　　篆書是大篆、小篆的統稱。廣義上大篆能指甲骨文、金文、籀文、六國文字，它們保存著古代象形文字的明顯特點。小篆也稱「秦篆」，是秦國的通用文字，大篆的簡化體，在漢字發展史上，它是大篆發展到隸、楷之間的過渡。

　　匾額，是題著作為標記或表示讚揚文字的長方形橫牌。它是中國古代建築的必備部分，相當於古建築的眼睛。不僅反映建築物名稱和性質，也表達了人們的義理、情感。匾額大致可以分為石刻匾額、木刻匾額和灰製匾額。

　　牌樓前兩側面南有青石獅一對，是按照皇家園林規格要求而雕塑的。

　　大明寺的山門殿與天王殿共用一個殿堂。寺門兩邊的牆呈「八」字形壘起。左邊東向的牆壁上鑲嵌一塊石刻，上書「淮東第一觀」五個大字。右邊西向的牆壁上鑲嵌石刻，上書「天下第五泉」五個大字。

走過牌樓，穿過廣場，順著台階向上走，就是大明寺的山門殿兼天王殿。此殿開大門三洞，正門上端嵌集〈隋龍藏寺碑〉「大明寺」三字石製匾額。

皇家園林為中國園林的四種基本類型之一。中國自奴隸社會到封建社會這一階段，帝王君臨天下，至高無上。與此相適應的，一整套突出帝王至上、皇權至尊的禮法制度也必然滲透到與皇家有關的一切政治儀典、起居規則、生活環境之中，表現為皇家氣派。園林作為皇家生活環境的一個重要組成部分，形成了有別於其他園林類型的皇家園林。

■「淮東第一觀」石刻

大雄寶殿是大明寺最主要的殿堂，體型雄偉，氣勢恢弘。

從山門殿兼天王殿的北門出來，攀登而上，在台階的盡頭就是大雄寶殿前的主空間。站在殿前空地的最南端，高大的大雄寶殿屹立在眼前。

大雄寶殿在佛教寺院中，大雄寶殿就是正殿，也有稱為大殿的。大雄寶殿是整座寺院的核心建築，也是僧眾朝暮集中修持的地方。殿中供奉本師釋迦牟尼佛的佛像。大雄是佛的德號。寶殿的寶，是指佛法僧三寶。

有一條甬道通向大殿，在甬道間置有一尊寶鼎。這座三足二層六角的寶塔形寶鼎，矗立在花崗岩雕製成的蓮花座上。寶鼎正面鐫「大明寺」，背面鐫「萬年寶鼎」字樣。寶鼎是鼎的一種稱呼，為了襯托其珍貴而稱為寶鼎。主要是指佛教的一種焚器，古代大家寺廟用的多是三層寶鼎，也是一種象徵地位，代表著不同身分等級的物品。

大雄寶殿坐北朝南，大三開間，屋頂是三重檐歇山頂，灰瓦屋面，鏤空花脊。屋脊高處嵌有一面寶鏡，迎面鑲嵌磚刻「風調雨順」四個大字，背面鑲嵌磚刻「國泰民安」四字。這一說法出自佛家，意思是大雄寶殿與天王殿諸佛諸神，擔負著保護人間國泰民安、風調雨順的重任。

上檐、中檐、下檐四周設置斗拱，使屋簷出挑，成翹角飛檐。中檐下懸「大雄寶殿」橫匾。前後附加硬山披廊，內檐配二十四扇門格，後沿牆正中設門以通後院。

與棲靈塔北台階相接的甬道直通臥佛殿。臥佛殿是單檐殿廡式建築。建在高高的台基上，檐下正中處高懸「臥佛殿」金字匾。

臥佛殿坐北朝南，建築面積為三百二十四平方公尺。大殿屋頂，下設望磚，上鋪蝴蝶瓦屋面。東西兩端套獸，顏色和屋頂的瓦色相同。屋脊正面嵌有「寂滅為樂」四字，背面嵌有「世界和平」四字。

殿外為花崗岩地面，殿內為方磚地面。殿內靠後居中的位置有一座石榻，石榻上臥有一尊釋迦牟尼玉佛。玉佛長五點八公尺，重一萬八千公斤，在中國極為罕見。

■大明寺內的大雄寶殿

無數年以來，在能勤、瑞祥、能修等法師的主持下；大明寺的規模越來越大，中外賓客絡繹不絕，千年古剎越來越大放光彩。

【閱讀連結】

　　宋孝武帝在位期間對佛教是比較支持的。他善待高僧，整肅佛教的不正之風，促進了佛教的發展。宋孝武帝敬重沙門，但對於僧團的混亂局面，他也曾詔令整肅沙門。

　　宋孝武帝作為一位比較支持佛教發展的皇帝，他禮敬高僧，整肅佛門，對佛教的正本清源造成了推動作用。

　　不過，他聽從朝臣建議，對不禮敬他的僧人施加酷刑，遭到所有出家人的反對。因此，他既支持了佛教的發展，也傷害了僧人的情感。

▎鑑真東渡使古剎名揚海外

　　在中國四大古典文學名著中，《西遊記》裡的唐玄奘歷盡磨難，到西天獲取真經。然而，與玄奘西行方向恰恰相反的是，唐代著名高僧鑑真大師的東渡。

大明寺內鑑真和尚塑像

鑑真大師是中國唐代著名高僧，日本律宗的創始人。本姓淳于，江蘇揚州人。

他十四歲出家，十八歲由道岸禪師受「菩薩戒」，二十歲去洛陽、長安遊學，二十一歲在長安接受弘景禪師的「具足戒」。

他還得到過大唐許多高僧的教誨，學習佛教藝術和醫學知識。

鑑真大師遊學回來後，再次回到了揚州大明寺。

■楊堅（公元五四一年至六〇四年），隋朝開國皇帝。漢族，陝西人。在位期間成功地統一了嚴重分裂的中國，開創科舉制度，發展文化經濟，使中國成為盛世之國。楊堅是中國最偉大的皇帝之一，被尊為「聖人可汗」。

　　公元六〇一年，隋文帝楊堅為了慶賀自己的生日，下詔在全國建立三十座塔來供養佛骨，大明寺中建有「棲靈塔」，塔高九層，宏偉壯觀。所以，大明寺又被稱為「棲靈寺」。

　　公元七四三年，是唐代天寶年間，大明寺律學高僧鑑真大師應日本僧人榮睿、普照的邀請，為弘揚佛法，開始籌劃東渡日本。

　　然而，由於當時的條件有限，鑑真東行曾五次被風浪所阻，而他年歲已高。鑑真大師歷經磨難，六次東渡，五次失敗，後鑑真大師又雙目失明。然而，他矢志不渝、終於在第六次東渡成功，在公元七五三年到達日本。

鑑真的到來，受到了日本朝廷的極大重視。日本天皇派遣特使向鑑真大師宣讀詔書，表示慰勞和歡迎，並授鑑真大師為傳證大法師，請他在奈良著名的東大寺設壇傳戒。

詔書是皇帝布告天下臣民的文書。在周代，君臣上下都可以用詔字。秦王政統一六國，改命為制，令為詔，從此詔書便成為皇帝布告臣民的專用文書。漢承秦制，唐、宋廢止不用，元代又恢復使用。明代用詔書宣布重大政令或訓誡臣工。

日本的天皇，皇后，皇太子先後登壇，請鑑真大師受戒。接著，鑑真又為四百四十多名僧人受戒，還有八十人捨棄舊戒，由鑑真大師重新受戒。這是日本佛教史上正規傳戒的開始。由於鑑真的努力，日本才開始有戒律一宗，而鑑真大師就成了日本律宗初祖。

鑑真大師不但把中國的佛教帶到日本，還帶去了中國的建築，雕塑，醫學等技藝，而他的弟子多數擅長漢詩。這些都對日本文化產生了深遠的影響。

由於鑑真大師在東渡之前，曾在大明寺宣講佛法。從此後，大明寺更是名揚天下。

在大明寺裡，比較著名的是九層高的棲靈塔。但是，公元八四三年棲靈塔卻又一次遭遇劫難，被大火焚燬。公元八四五年，唐武宗詔令摧毀全國大寺四千多所、中小寺院四萬多所，佛教徒稱之為「會昌法難」，大明寺也沒能逃過此劫，遭到極大的毀壞。唐代末年，吳王楊行密興修殿宇，把大明寺更名為「秤平」。

■棲靈塔

　　唐代著名詩人李白、高適、劉長卿、蔣渙、陳潤、劉禹錫、白居易等都曾經登臨大明寺，並留下千古絕唱。

　　高適是中國唐代著名的邊塞詩人，世稱「高常侍」，與岑參並稱「高岑」。其詩作筆力雄健，氣勢奔放，洋溢著盛唐特有的奮發進取、蓬勃向上的時代精神。

■白居易字樂天，晚年又號香山居士，河南人，中國唐代偉大的現實主義詩人，是中國
文學史上負有盛名且影響深遠的文學家。他的詩歌題材廣泛，形式多樣，語言通俗易懂。
有《白氏長慶集》傳世，代表詩作有〈長恨歌〉、〈賣炭翁〉、〈琵琶行〉等。

　　然而，令人遺憾的是，棲靈塔自從公元八四五年被毀以後，大明寺就只
剩下「棲靈遺址」，而沒有棲靈寶塔了。直到後來才被重新興建。

■寺內平山堂內景

　　大明寺經歷了幾次劫難，也屢經修葺。公元一〇〇四年，僧人可政募集資金建造了一座七級多寶塔。可是，這座寶塔卻又在南宋時毀圮，自此，大明寺再也沒有人重建過棲靈塔。在公元一〇〇四至一〇〇七年期間，僧人可政看到大明寺日漸衰敗，心中非常的難過。於是，他決定去化緣募集善款。化緣為佛教術語。佛教認為，能布施齋僧的人，就是與佛門有緣的人，僧人以募化乞食廣結善緣，故稱化緣。還可以指為了佛事而進行的一切募化活動。

　　經過他的辛苦奔波，終於集足了資金，建成一座七級寶塔，定名為「多寶」。後宋真宗御賜名為「普惠」。

　　宋真宗（公元九六八年至一〇二二年），宋朝第三位皇帝，名趙恆，宋太宗的第三子。澶淵之盟後，北宋進入經濟繁榮期。真宗後期，致力於封禪，使社會矛盾不斷激化，使宋朝的「內憂外患」日趨嚴重。

　　北宋時期，有一個著名的人物經常光顧大明寺，他就是大文學家、政治家歐陽脩。歐陽脩在擔任揚州太守期間，在大明寺內建立了平山堂。

平山堂位於大明寺大雄寶殿西側的「仙人舊館」內，始建於公元一〇四八年，因坐在堂內南望江南遠山，正與堂欄相平，故名「平山堂」。歐陽脩經常在這裡飲酒、賞景、做詩。當時人們評價平山堂是「壯麗為淮陽第一」。

歷史上人們習慣將這裡的名勝古蹟，包括唐大明寺遺址、西園、天下第五泉、谷林堂等統稱平山堂。

公元一〇七九年，北宋著名的文學家、書畫家蘇軾第三次來到揚州。他到大明寺時見景生情，想起了歐陽脩，心中充滿無限的感慨，於是揮筆填了這闋〔西江月·平山堂〕：

「三過平山堂下，半生彈指聲中。十年不見老仙翁，壁上龍蛇飛動。

欲弔文章太守，仍歌楊柳春風。休言萬事轉頭空，未轉頭時皆夢。」

走過平山堂就是谷林堂。公元一〇九二年，蘇軾從潁州來到揚州。蘇軾為了紀念他的恩師歐陽脩，建立了谷林堂，取自己詩句「深谷下窈窕，高林合扶疏」中的「谷」、「林」二字作為堂名。到了宋代後期，谷林堂一度荒廢。

■蘇軾，北宋文學家、書畫家。字子瞻，號東坡居士。與父親蘇洵，弟弟蘇轍合稱「三蘇」。他是唐宋八大家之一，宋朝輯為《蘇文忠公全集》和《東坡樂府》等傳世。

【閱讀連結】

公元七三三年，鑑真四十六歲。這時他已經學成名立，於是自長安回到揚州，先後十年間在江淮地區努力講律傳戒，聲名遠播，成為當時道岸之後獨步江淮的律學大師。

《宋高僧傳》說他有著名弟子三十五人，各自倡導一方，共弘師教。他同時建造許多寺院和佛像，書寫過三部大藏經，又興辦救濟孤貧疾病等社會事業，並曾親自為病者煎調藥物。

　　在長期從事這許多活動中，他掌握了當時許多方面的文化成就，並積累不少領導經驗，團結和培養了一批有專門造詣的工技人才。這都為他後來東渡日本準備了有利的條件。

▌見證歷史滄桑的兩尊石獅

　　飽經風霜的大明寺，在歷史上可謂命運多舛，尤其是平山堂在宋代曾經一度被荒廢，只剩下斷壁殘垣。直到明代萬曆年間，平山堂才被重新修葺。

　　萬曆（公元一五七三年至一六二〇年），明神宗朱翊鈞的年號，明朝使用萬曆這個年號四十八年，是明朝使用時間最長的年號。

　　大明寺在建寺之始並沒有牌樓，直到明代才建了用上等香料木材建築而成的牌樓。牌樓下面鋪有華麗的白玉石。

■牌樓又名牌坊，是中國古代建築中極為重要的一種類型。其建築布局細膩，結構緊湊，形式多樣，遠看巍峨壯觀，近看玲瓏剔透，已成為中國的一個獨特的文化現象。牌樓象徵威嚴、榮譽、表彰。

　　大明寺在古代還曾被稱作「西寺」，唐末稱「秤平」等。清代時，因避諱「大明」二字，一度稱之為「棲靈寺」，後來乾隆三十年皇帝親筆題書「敕題法淨寺」。

　　在大明寺牌樓上方的正中，有一塊用篆書書寫的「棲靈遺址」四字匾額。

　　在大明寺山門兩旁的門枕石上蹲坐著兩隻石獅子，是用青石雕刻而成，整體顯得溫順端莊。兩只石獅鬃毛披掛，線條流暢，渾身煥發著靈氣和活力。

■山門前石獅子之一

　　左邊的獅子是雄獅，用右爪戲著繡球，象徵權威；右邊的獅子是雌獅，可惜由於年代變遷，這只雌獅的前肢已有缺損。按照獅子一般的造型規則，右邊獅子的左爪應該是在撫摸一小獅，象徵代代相傳。

　　石獅子的殘缺無疑是歲月留下的纍纍傷痕，但當地民間還流傳著一段與石獅相關的傳說呢。

據傳，古時候在小劉莊有一家豆腐作坊。有一天，主人發現：前一天做好的豆腐，過一個晚上總會無緣無故地減少許多。

　　於是，他在晚上蹲守於作坊觀察動靜。半夜時，他發現一對獅子溜進作坊來偷吃豆腐，一氣之下，他順手拿起通煤火的「火通」追趕獅子，結果一直追到大明寺門前。

■麒麟也稱「騏麟」，簡稱「麟」，中國古代傳說中的仁獸、瑞獸，是中國古代傳說中的一種動物，與鳳、龜、龍共稱為「四靈」。是神的坐騎，被稱為聖獸王。

　　他用「火通」猛得敤了下去，獅子受了傷就再也沒能逃走。從此以後，蹲坐在山門兩側的石獅子成了人們心目中高貴尊嚴的靈獸。

　　靈獸區別於普通獸類的動物。一般認為是與眾不同，能力特殊，具備靈性的獸類。中國著名的靈獸是四象，即青龍、白虎、朱雀、玄武，分別代表東西南北四個方向。

　　玄武本意就是玄冥，其圖像是一條蛇纏繞著一隻龜。龜和蛇在中國古代認為是靈獸，象徵長壽，漢朝以前貴族長配以玉製龜佩。玄武在中國神話中也多指玄武真君。

　　中國自古就有用石獅子守門、避邪驅惡的說法。實際上，獅子本來就是佛教比較推崇的祥瑞之獸，佛典中有關獅子的說法有很多。

《佛說太子瑞應本起經》載：「佛初生時，有五百獅子從雪山來，待列門側」。

《傳燈錄》記載：「釋迦生時一手指天，一手指地……作獅子吼：『天上地下，唯我獨尊』」。

到了漢代，獅子才隨著佛教傳入中國，獅子的形象也逐漸深入人心。當時，人們感於獅子的威猛，還特意給它起了名字，叫「天祿」和「辟邪」等，用來象徵神聖、尊貴和威嚴。

中國民間更是把獅子看做是吉祥的動物，認為它可以驅除邪惡，並和龍鳳一起，成為威震八方、唯我獨尊的權威與勝利的化身。

龍在中國古代的神話傳說中是一種神異的動物，具有九種動物合而為一的形象，兼備各種動物的優點。鳳是中國古代傳說中的百鳥之王，常用來象徵祥瑞。雄鳥叫鳳，雌鳥叫凰。

也有人認為：「石者實也，獅者思也，言思前人創業，後人守成之不易也」，把獅子放到門前，不僅可以驅邪辟惡，也可以用來提醒人們警鐘長鳴、勵勤勵志。所以，人們在修建宮殿、陵墓、橋梁、府第及房屋建築時，總喜歡安放上栩栩如生的石獅子。

大明寺門前的石獅子已經在此默默蹲守了五百多年，見證歷史的興衰。兩尊石獅歷經風雨，保存得基本完好，形態依然逼真傳神，是中國古代石獅子中的精品，具有很高的文物藝術價值。

【閱讀連結

四象也作四相，是指火水風土。兩儀生四象，兩儀指的是陰陽，陰陽又衍生出地水火風。在中國傳統文化中青龍、白虎、朱雀、玄武，是四象的代表物，青龍代表木，白虎代表風，朱雀代表火，玄武代表水，分別代表東西南北四個方向。

在二十八星宿中，四象用來劃分天上的星星，也稱四神、四靈。春秋易傳的天文陰陽學說中，是指四季氣象，分別為少陽，太陽，少陰，太陰。

中國傳統四象方位是指左青龍、右白虎、前朱雀、後玄武，並與五行學東南西北等四個方位相呼應。

▌明清時期古寺命運多舛

大明寺經過歷史的輾轉，終於在明代迎來又一次的曙光。公元一四六一年，僧人智滄溟決心重建廟宇，經過師徒三代的苦心經營，大明寺逐漸恢復往日的規模。

可是後來，又因為歷史的動亂，大明塔寺再次變成荒丘。直到明代萬曆年間郡守吳秀看到古寺一片荒涼，決心重建寺院。崇禎年間又加修繕。

郡守，古代官名，是指郡的行政長官，始於戰國時期。戰國各國在邊地設郡，派官防守，官名為「守」。原本是武職，後來逐漸成為地方的行政長官。秦統一後，實行郡、縣兩級地方行政區劃制度，每郡置守，治理民政。

■乾隆（公元一七一一年至一七九九年），清高宗愛新覺羅‧弘曆，清朝第六位皇帝。年號乾隆，寓意「天道昌隆」。二十五歲登基，在位六十年，是中國歷史上執政時間最長、年壽最高的皇帝，也是一名多有作為的皇帝。

到了清代，大明寺受道上至皇族下至黎民百姓的普遍關注。康熙和乾隆兩位皇帝曾經多次南巡，寺廟也不斷增建，規模逐步宏大起來。

於是，大明寺一躍成為揚州八大名剎之首，幾位皇帝都為大明寺御書。

雍正帝曾御筆題聯「萬松月共衣珠朗，五夜風隨禪錫鳴。」乾隆帝曾題額「蜀岡慧照」，題聯：「淮海奇觀別開清淨地，江山靜對遠契妙明心。」

清代朝廷因避諱「大明」二字，曾經一直沿用舊稱「棲靈寺」。其實「大明」二字並非是指大明王朝，而是南北朝時期，是南朝宋孝武帝劉駿的年號，與大明王朝相隔千載。

一七六五年，乾隆皇帝第四次巡遊揚州，御筆題書敕題「法淨寺」。「敕」就是皇帝的號令。

■大明寺正門

公元一八五三年，太平軍與清軍交戰時引起大火，法淨寺再次被毀，其中包括著名的平山堂。公元一八七〇年，鹽運使方浚頤又重新建起包括平山堂在內的大明寺院。

因為平山堂早已名播海內，歷史上人們便習慣地將這裡的名勝古蹟，包括唐大明寺遺址、西園、天下第五泉、谷林堂等統稱平山堂。

平山堂面南而建，北邊有一短走廊與谷林堂相連接。堂北檐下懸掛著咖啡色底、白色字的「遠山來與此堂平」匾額，點明「平山堂」的緣由，它是在公元一八七六年秋由林肇元所題。

平山堂中楹上方懸有黑底白字的「平山堂」三字匾額，是由清代兩淮鹽運使方浚頤於在公元一八七二年夏天所題。兩側懸掛一副對聯：

「曉起憑欄六代青山都到眼；晚來對酒二分明月正當頭。」

■清代平山堂聯

兩聯中間可以透過玻璃方窗看到谷林堂。中聯兩側的上方西、東分別懸掛「風流宛在」匾和「坐花載月」匾。「風流宛在」匾，寬三點一公尺，高一公尺，是光緒初年兩江總督新寧劉坤一題，並有跋文。其跋曰：

「宋開禧間，平山堂圮，吏部閭蒼舒以詩贈知揚州郭倪，有『歐仙蘇仙不可作，江

南江北無風流』之句，蓋譏之也。今子箴都轉重修是堂，可以繼美歐蘇矣！喜而志之。」

　　兩江總督正式官銜為總督兩江等處地方提督軍務、糧餉、操江、統轄南河事務，是清朝九位最高級的封疆大臣之一。由於清初江蘇和安徽兩省轄地區同屬江南省，因此初時總督管轄的是江南和江西的政務，因此稱兩江總督。

　　匾、跋均為黑色底，金色字。「坐花載月」匾，寬二點七五公尺，高零點九五公尺，為隴右馬福祥題，並有跋文。跋的內容如下：

　　「平山堂為江南名勝。宋慶曆中歐陽永叔守揚州時，築堂於蜀岡，因此得名。歲己巳偶遊江都，登此堂，憑欄遠眺，江南諸山齊在眼底，月掛樹顛，花迎四座，洵登臨之大觀也。因取歐陽公遣人折荷行酒載月故事，敬書數字，以志遊蹤。隴右馬福祥題。」

　　在匾額的下方分別有鏤空雕花落地罩槅。

　　鏤空是在物體上雕刻出穿透物體的花紋或文字。外面是完整的圖案，裡面卻是空的，或者又鑲嵌小的鏤空物件。廣泛應用於石雕、玉雕、木雕、象牙雕等雕刻領域。

　　南邊卷棚中間懸「放開眼界」匾。在匾下分別懸有兩副對聯，都是白底黑字。

　　一幅是：

　　「過江諸山到此堂下；太守之宴與眾賓歡。」

■谷林堂牆壁上的匾額和石刻

另一幅是：

「山色湖光歸一覽；歐公坡老峙千秋。」

■寺內的天下第五泉

　　在平山堂的牆壁上鑲有十多塊石刻，除了保存的匾對和石刻以外，還曾有過很多匾對，但都因年代久遠，或經戰亂，所存不多。

　　牌樓前面兩側朝南放置的一對青石獅，是清代乾隆年間揚州重寧寺的遺物。

　　除了平山堂外，寺中還有天下第五泉、待月亭、康熙御碑亭、鶴塚、乾隆御碑亭、西園等。

重寧寺為清代揚州八大名剎之一。始建於公元一七八四年，咸豐間毀於兵火，同治年間重建，光緒年間再建。東側園林已毀，建築面積兩千多平方公尺。

天下第五泉位於船廳的西南、池水正中央，砌有可供往返的石徑。這眼泉水是在公元一七三八年鑿池的時候發現的，後被砌成景觀。

王澍江蘇常州人。清代書法家、字若霖，篛林，若林，號虛舟，亦自署二泉寓居，別號竹雲。官至吏部員外郎。

這眼泉水清澈甘洌，夏天寒碧異常，冬天溫暖如春。泉邊有清代書法家王澍所書的「天下第五泉」的石刻，原來立在西園中的水池上。後來歷經戰火，寺院被毀，人們在重修法淨寺時把這一石刻移立在山門外以西的牆壁上，恰好與東牆壁上清初書法家蔣衡所書的「淮東第一觀」石刻相對應。兩塊石刻相得益彰，巧妙映襯。

在天下第五泉的北側是待月亭。亭的南面有一扇小門，東邊與黃石假山的山洞相通，周邊設有四個八邊形觀景窗。亭上朝南懸有一塊黑底白字的匾額，上書「待月亭」三字，是當時揚州著名書法家魏之禎的墨寶。

順著天下第五泉往南走，便是著名的康熙御碑亭。這是一座四角方亭，在亭子西面牆上設有兩扇透空窗，站在這裡正好可以觀賞到「天下第五泉」的優美景色。

■第五泉旁的待月亭

在亭子東面長廊的牆壁上有一塊長方形康熙御詩碑，是公元一六八九年聖祖康熙南巡時，賜揚州知府高承爵的御製〈靈隱〉詩。碑文上寫著：

「靈山含秀色，鷲嶺起嵯峨。

梵宇盤空出，香雲繞地多。

開襟對層碧，下馬撫煙蘿。

羽衛閒來往，非同問法過。」

在這塊石刻上方，還留存著一個正方形的康熙御印。

■平山堂內廊道

　　在康熙御碑亭東側黃石相疊的竹壇之上便是鶴塚。鶴塚周邊種植淡竹、桑樹、木半夏、麥冬等名貴植物。

　　鶴塚依牆而築，有一塊長方形的石碑立在塚上，上面鑲嵌草書「鶴塚」二字。

　　草書是中國漢字的一種書體，特點是結構簡省、筆畫連綿。形成於漢代，是為了書寫簡便在隸書基礎上演變出來的。有章草、今草、狂草之分。

　　時光流逝，很快就到了清代雍正年間。大明寺在此時增建平遠樓。平遠樓原稱「平樓」，位於大雄寶殿東南側，於公元一七三二年建造。

　　但不幸的是，到了清代咸豐年間平遠樓也同大明寺毀於兵火。直到清代同治年間，兩淮鹽運使方濬頤重建平遠樓，題「平遠樓」三字匾額，並撰聯云：「三級曡增高，兩點金焦，助起杯中吟興；雙峰今聳秀，萬株松栝，湧來檻外濤聲。」才使平遠樓再度興起。

　　然而，到了清代光緒、宣統年間，平遠樓也一度荒廢。平遠樓就像一個老者，歷經命運的坎坷，見證著歷史的興衰。

　　大明寺另一處著名的景觀要數乾隆御碑亭了。乾隆御碑亭位於西園入口處的西側，坐北朝南。地面用正方形水磨青磚鋪成，中間放置三塊御製石碑。青磚是中國用黏土燒製成的青色磚種。黏土是某些鋁矽酸礦物長時間風化的產物，具有極強的黏性而得名。黏土在燒製的過程中加水冷卻，使黏土中的鐵不完全氧化則呈青色，即青磚。最東邊的石碑上刻有乾隆在公元一七五一年第一次南巡時所寫〈平山堂〉御製詩：

　　「梅花才放為春寒，果見淮東第一觀。

　　馥馥清風來月牖，枝枝畫意入雲欄。

　　蜀岡可是希吳苑，永叔何曾遜謝安。

　　更喜翠峰餘積雪，平章香色助清歡。」

■西園美景

公元一七五七年，乾隆第二次來到江南。此次乾隆南巡留下的〈平山堂〉御詩被放在最西側，內容為：

「西寺西頭松竹深，歐陽舊跡試遊尋。

江南山色秀無盡，二月韶光美不禁。

四字檐端垂聖藻，千秋座右揭官箴。

春巡處處前徽仰，到此尤廑吁俊心」。

中間的石碑上刻有公元一七六二年，乾隆皇帝第三次南巡時寫的〈四月朔日遊平山堂〉御詩：

■重修平山堂碑

「畫舫輕移邗水濱，人思六一重遊巡。

陰陰葉色今迎夏，裊裊花光昨餞春。

巧法底須誇激水，淳風唯是慚投薪。

江南山可平筵望，望豈因山因憶民。」

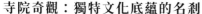

■咸豐（公元一八三一年至一八六一年），名愛新覺羅‧奕詝，二十歲登基，在位十一年，三十一歲病死。咸豐是清朝祕密立儲的最後一位皇帝，寵愛葉赫那拉氏，誤國殃民，留下千古遺憾。

　　另一處值得一提的景觀是西園，也稱御苑、芳圃，位於平山堂的西側，因此稱為西園。是原來塔院西廊井舊址。公元一七三六年，又加以修復。與平遠樓同樣，在咸豐年間，西園也未能倖免毀於兵火。同治年間重修，清代末年也曾有所修繕。

【閱讀連結】

在平山堂的牆壁上鑲有十多塊石刻，其中有〈平山堂記〉，〈重建平山堂記〉和〈重修平山堂碑〉。〈重修平山堂碑〉是欽差丙午科廣西鄉試主考，博陵尹會一撰並書，乾隆元年歲次丙辰秋七月上澣之吉立，刻者旌德劉景山。

平山堂的南邊有所庭院，植物蔥翠，四季花香。庭院的南邊有一處古石欄。欄外植有桂花、淡竹、棕櫚、青桐、欅樹、枇杷等，蒼翠欲滴。歷史上，平山堂除了以上保存的匾對和石刻以外，還曾有過很多匾對，但都因年代久遠，或者經過戰亂後，存下來很少。

幾經興衰的歐陽祠和谷林堂

大明寺在中國眾多的名寺院中規模並不算最大，但卻有著中國南方特有的傳統，其中最初讓人流連忘返的，便是為寫「醉翁亭記」的歐陽脩修建的歐陽祠。人們知道他，多是因為那句「醉翁之意不在酒，在乎山水之間也。」

歐陽脩畫像

然而，在大明寺內卻有他的一幅碑拓畫像。這幅碑拓採用中國傳統的陰陽刻法精刻而成，形象逼真，宛如真人。

　　碑拓是將碑版上的文字或圖像，以宣紙緊覆在碑版上，用墨打拓其文字或圖形，然後將紙揭下，紙上留下碑版上的文字或圖形。有烏金拓、蟬翼拓、朱拓等幾種拓本。

　　陰刻是將筆畫顯示在平面物體之下的立體線條，呈凹形。凹陷下去的字是陰字，凸出來的字是陽字。印章的字是凸出來的，就是陽刻。印章的字是凹陷下去的，就是陰刻。

　　俗話說「讀萬卷書不如行萬里路」，來到大明寺，更讓我們對於這個「醉翁之意不在酒」的人也有了更多的瞭解，讓我們更瞭解這個琴、棋、書、畫、酒與自己形影不離的六一居士，也能更平和地對待人生的不平。

　　當時歐陽脩被降職，還能縱情山水並流芳百世，這樣超然物外的平和心態的確讓人佩服。

　　大明寺的平山堂，因有歐陽祠而更有名，更讓人記住這位北宋卓越的政治家、文學家、史學家。

　　歐陽祠又名歐陽文忠公祠、六一祠，位於谷林堂的北面。為了紀念歐陽脩在揚州之德政，揚州人當時曾在「舊城」建生祠，由於年久失修，終被廢棄，後來移祀到平山堂的後面。

　　公元一七九三年，運使曾燠，按內府藏本臨摹歐陽脩像，並刻成石碑，嵌於祠堂的牆壁間。到了咸豐年間，歐陽祠毀於兵火。公元一八七九年，兩淮鹽運使歐陽正墉，花重金重建此祠。

　　臨摹是指按照原作仿製書法或繪畫作品。臨，是指照著原作寫或畫；摹，是指用薄紙或絹蒙在原作上面書寫或畫。廣義上的臨摹，所仿製的不一定是原作，也可能是碑、帖等。

鹽運使，官名，始置於元代，設於產鹽的各個省區，簡稱「運司」。下設運同、運副、運判、提舉等官。這些官員往往兼都察院的鹽課御史銜，故又稱「巡鹽御史」。

歐陽脩晚年號六一居士。公元一〇七〇年七月，歐陽脩由青州知州改官蔡州，今河南汝陽任知州。他於當年九月到任，九月七日採用漢賦常見的主客問答形式，作了〈六一居士傳〉，反映出歐陽脩晚年的心態。文中第二段寫道：

「客有問曰：『六一，何謂也？』

居士曰：『吾家藏書一萬卷，集錄三代以來金石遺文一千卷，有琴一張，有棋一局，而常置酒一壺。』

客曰：『是為五一爾，奈何？』

居士曰：『以吾一翁，老於此五物之間，是豈不為六一乎？』」

大明寺內的歐陽祠面南而建，規模很大。中楹上面懸有金底黑字「六一宗風」匾，是歐陽正墉所立。兩旁有對聯：

「遺構溯歐陽，公為文章道德之宗，侑客傳花，也自徜徉詩酒；

名區冠淮海，我從豐樂醉翁而至，攜雲載鶴，更教曠覽江山。」

在中楹北牆面南的牆壁上，嵌有公元一八七九年九月歐陽脩裔孫、江蘇候補道歐陽炳，按臨摹於滁州醉翁亭之清宮內府藏本所刻的歐公石刻像，像的上部有歐陽正墉，臨摹乾隆皇帝於一七五二年初夏為歐陽脩畫像所題的御書像贊。像的左側下方刻有「光緒己卯秋九月裔孫歐陽炳敬摹邗江朱靜齋鐫」二十字。

■歐陽祠內景

■光緒（公元一八七一年至一九〇八年），清德宗，愛新覺羅・載湉，清朝第十一位皇帝，
年號光緒。在位三十四年。崩於中南海瀛台涵元殿內，終年三十八歲。廟號德宗。葬於
河北易縣清西陵的崇陵。

歐陽脩石刻像與題書，均由邗江著名石工朱靜齋勒石，刀工精緻，石像傳神，加之石面稍凹，造成光線折射，遠看為白鬍鬚，近看為黑鬍鬚，且觀者從任何角度看，石刻像的臉、眼、足始終都正對著觀者，世稱神品。

醉翁亭坐落於安徽省琅琊山麓，與北京陶然亭、長沙愛晚亭、杭州湖心亭並稱為中國四大名亭。宋代文學家歐陽脩的〈醉翁亭記〉寫的就是這個亭子。

在歐陽祠內西側有三座精緻的楠木雕件，是舊時出會用的香亭，其外形、花紋、結構等均不相同。兩廂壁間懸掛後人書寫的歐陽脩詞、蘇軾詞以及山水畫幅。祠內原有歐陽正墉題聯：

「歌吹有遺音，溯坡老重來，此地宜賡楊柳曲；宦遊留勝蹟，訪先人手植，幾時開到木蘭花。」

歐陽利見聯：

「山與堂平，千古高風傳太守；我生公後，二分明月夢揚州。」

滁州古稱「塗中」、「新昌」、「永陽」、「清流」。先秦時期為棠邑，三國設鎮，南朝建州，隋朝始稱「滁州」。滁州自古為西吳湖熟文化的發源地之一。

徐轉運文達聯：

「酒酌碧筒杯，到此山翁仍一醉；文成青史筆，允宜坡老定千秋。」

轉運史，官名。中國唐代以後主管運輸事務的官職。唐玄宗置水陸轉運使，掌管洛陽、長安間食糧運輸事務。肅宗又置諸道轉運使，掌管全國穀物財貨轉輸與出納。元、明、清有都轉運鹽使，專管鹽務。

祠東外牆上嵌有三方長方形石刻。一方是公元一八七九年楚南周鵬謹記錄的蘇軾〔醉翁操〕詞；一方是〈重修平山堂歐陽文忠公祠記〉；第三方石刻是〈重浚保障河記〉。在其東外牆的中間還嵌有一塊長方形石碑〈重修平山堂歐陽文忠公祠記〉。

祠西外牆上嵌有一方星悟禪師的蘭花石刻，並有他親筆題詩：

「滿庭風露接孤塵，悵望千秋亦有因。

早識遺蹤未搖落，不須回首問靈均。」

■歐陽祠內廊道

詩後跋云：「癸巳冬，誠念師南歸，屬悟主平山堂。堂為文忠公之遺，悟系出歐陽，樂尋遐概，適畫墨蘭，悠然有思，爰詩以識之雲爾」。下署「六一頭陀星悟」。

祠西外牆中間還嵌有一通長方形石碑〈重建平山堂歐陽文忠公祠記〉，題款如下：

「誥授光祿大夫、布政使銜、告養雲南按察使、隨帶加四級賞戴花翎、色爾固楞巴圖魯、平江李元度撰文，欽加五品銜、廣東候補鹽知事、裔孫大鈺敬書，光緒五年歲次己卯十二月既望建，主持僧常達敬立，朱靜齋鐫。」

在祠的南側庭院植有白玉蘭、桂花、紫薇、圓柏、棕櫚、天竹、栝樓、黃連木等。祠東南側圓門通鑑真紀念堂。西南側圓門通西園，圓門上嵌石刻「真賞」二字，著名書法家鄧石如用篆書書寫。

　　鄧石如（一七四三年至公元一八〇五年），清代著名篆刻家、書法家，鄧派的創始人。初名琰，字石如，又號完白山人、游笈道人、鳳水漁長、龍山樵長等。著《完白山人篆刻偶存》。

　　後來，歐陽祠又經過幾次修繕和一次大規模的維修，才保存了較為完好的面目。

　　除了歐陽祠，公元一八七〇年，清代鹽運使方浚頤在真賞樓舊址又重新修建了谷林堂。谷林堂經過多次維修，才得以完好保存。

　　黃漢侯（公元一九〇二年至一九七六年），字良偉，揚州人，愛好書畫藝術，尤其喜歡牙刻，十七歲拜耿耀庭為師，學習刻字。他先用毛筆臨寫各家字帖，後用鐵筆臨摹各家法書，開創了揚州牙刻縮臨技術。在方寸牙板上刻四千餘字，放大觀之，韻味不輸真跡。黃漢侯的微刻作品被譽為「銀鉤鐵畫，玉振金聲」。

　　谷林堂面南而建，東面與大雄寶殿連接。堂中上方懸有「谷林堂」黑底藍字，三字匾，是揚州淺刻名家黃漢侯，集自東坡法貼。原來方浚頤所題的「谷林堂」匾、書寫的對聯：

■鑑真紀念堂

「遺址在棲靈，稚竹老槐，風景模糊今異昔；

開軒借真賞，焚香酹酒，仙蹤戾止弟從師。」

但因年代久遠，都已經不復存在。

後來，在谷林堂的東壁懸掛揚州書畫家李亞如的草書，蘇軾〈谷林堂〉詩，西壁懸掛揚州國畫院畫師所繪的〈赤壁夜遊圖〉。在谷林堂中放置「赤壁懷古」的盆景，堂內懸掛四盞六邊形的宮燈。

宮燈是中國古代皇宮中用的燈，主要是以細木為骨架鑲以絹紗和玻璃，並在外面繪上各種圖案的彩繪燈，又稱宮廷花燈。是中國綵燈中富有特色的手工藝品之一。它以雍容華貴、充滿宮廷氣派而聞名於世。

赤壁是歷史地名，位於赤壁磯頭臨江懸岩。據《湖北通志》記載：「赤壁山臨江磯頭有『赤壁』二字，乃周瑜所書」。〔念奴嬌·赤壁懷古〕是宋代大文豪蘇軾的名作，是豪放派宋詞的代表作，感情激盪，氣勢雄壯。

谷林堂面南的東、西兩側分別各有一座長方形花壇，種植臘梅、天竺、麥冬、虎耳草等植物。花壇旁邊種植四株圓柏，其中一株是古樹名木，樹齡有一百多年。谷林堂西山牆下有黃石花壇，裡面種植斑竹。在花壇西側有一面東而建的廳房，是後來改建的。在花壇北側有一便扇門可以直通西園。

除了歐陽祠和谷林堂建立和修繕外，清代又在大明寺鶴塚石碑旁邊立了一塊介紹鶴塚的碑文。石碑上面以陰刻形式所刻內容大致如下：

「公元一八九三年，住持星悟和尚，在平山堂前鶴池內，放養白鶴一對。後雌鶴因足疾死亡，雄鶴見狀，晝夜哀鳴，絕粒而死。星悟感其情，葬鶴於此，並立碑云：世之不義，愧斯禽。」

大明寺，幾經興建，又幾經損毀，最終得以完好保存，得益於各朝代對它的重視和整修。楠木廳、平遠樓、美泉亭、鑑真紀念堂等都是後人增建或擴建的樓閣。比較重要的一處就是鑑真紀念堂。

■鑑真塑像

　　鑑真紀念堂是根據周恩來的指示，於公元一九六三年，中日兩國紀念鑑真圓寂一千兩百週年時奠基，於公元一九七三年建成。

　　鑑真東渡日本前，曾為大明寺住持。從唐天寶元年起，先後十餘年，歷盡艱險，至第六次東渡成功，將中國佛學、醫學、語言文學、建築、雕塑、書法、印刷等介紹到日本，為發展中日兩國的文化交流作出重要貢獻。

　　公元一九二二年，日本學者常盤大定在寺前樹立唐鑑真和尚遺址碑。仿日本奈良唐招提寺模式，由建築學家梁思成先生設計，在以大雄寶殿為主體的南北中軸線的偏東位置，形成一個南北中軸線的建築群體。

此紀念堂總面積達七百平方公尺，是以鑑真紀念堂正殿作為主體建築的一個群體，由陳列室、門廳、碑亭、正殿等四部分組成。設計精妙，構制完美，堪稱建築中的精品。

　　其中，紀念堂的碑亭內聳立漢白玉須彌座橫碑，正面為郭沫若所書「唐鑑真大和尚紀念碑」，背面為趙樸初撰書，紀念鑑真圓寂一千兩百週年。

　　院中立日本奈良唐招提寺森本孝順長老，所贈的石燈籠。正堂仿鑑真在日本主持建造的唐招提寺金堂，紀念堂正中供奉鑑真法師坐像。這尊坐像是仿日本奈良唐招提寺鑑真像，用楠木雕刻乾漆夾紵而成。

　　坐像前有一隻銅香爐，為日本天皇所贈。紀念堂門廳對面原為晴空閣，現為鑑真生平事跡文物史料陳列室。

【閱讀連結】

　　關於歐陽脩的石刻像還流傳一段故事：

　　話說在光緒初年，京城官員歐陽炳買通太監後，臨摹了清宮內府的藏本歐陽脩像。後來，歐陽炳在復建歐陽文忠公祠時，花重金聘請石工朱靜齋，雕刻歐陽脩的石像。石像刻成後，歐陽炳卻說要將這一神品運回平江，朱靜齋懇求歐陽炳開恩留下這塊石像，寧肯不要工錢。

　　歐陽炳對朱靜齋欲在家鄉留名後世的想法早有所聞，耍了一個小花招就省了四十兩紋銀。可惜的是，由於年代動亂，「神品」中的鬍鬚早已失去當年的風采。

東海名剎　普陀寺

　　在中國，普陀寺一般指南普陀寺。南普陀寺是中國最有影響力的寺院，是廈門的著名古剎，始建於唐末五代，初稱泗洲院。明初復建更名為普照寺。此後數百年來，經歷代主持景峰、省己、喜參諸和尚多次重修擴建，已構成三殿七堂俱全的禪寺格局，逐漸成為閩南最具規模的名剎。

▋閩南五老峰下的佛教聖地

　　南普陀寺位於中國福建省廈門市區的五老峰下。五老峰終年白雲繚繞，叢林蔥鬱，遠遠望去就像是五位鬚髮皆白、歷盡滄桑的老人，翹首遙望茫茫大海。

普陀寺內石橋

如果從普陀寺藏經閣後面登上石階，迎面就能看見巨石上刻著高四公尺多，寬三公尺多的特大「佛」字，筆畫豐滿有力，粗獷豪放。這個巨大「佛」字是振慧和尚於公元一九〇五年書寫的。

南普陀寺自古以來就是廈門著名古剎，建於明朝永樂年間，明朝末年毀於兵火。

公元一六八四年，靖海侯施琅將軍重建寺院，因寺院以奉觀音菩薩為主，又位於中國四大佛教道場之一的浙江舟山普陀山之南，故稱南普陀寺。

舟山是浙江省地級市，由一千三百多個島嶼組成。群島之中，以舟山島最大，其「形如舟楫」，故名舟山。舟山是中國最大的海產供應地，自古就有「東海魚倉」和「中國漁都」之美稱。

■普陀山與山西五台山、四川峨眉山、安徽九華山並稱為中國佛教四大名山，是觀世音菩薩教化眾生的道場。普陀山似蒼龍臥海，素有「海天佛國」、「南海聖境」之稱。

據明朝萬曆年間的《泉州府志》上記載，南普陀寺最初由五代時期的僧人清浩建立，當時名叫普照院。

到了北宋時期，公元一〇六四年至一〇六七年間，僧人文翠在普照院修行，把普照院改稱無盡岩。

在公元一二六四年至一二九四年間，無盡岩被逐漸廢棄。公元一三八五年，明朝洪武年間僧人覺光又重新修建了普照院。

明朝後期，大部分的土地都在官僚和地主手中，普照院的耕田也全部被豪強兼併了。普照院的錢糧收入還不夠供給寺院的香燈，更別說繳納朝廷的稅收了。

到了明朝崇禎年間，由於連年饑荒和連年大旱，百姓的生活境遇非常悲慘。普照院的日子也更加艱難了。寺院的住持了蘊僧人面對朝不保夕的困境，束手無策，幾次想棄寺而去。

■施琅（公元一六二一年至一六九六年），字尊侯，號琢公，明末清初軍事家。被清軍提升為同安總兵，福建水師提督，先後率師駐守同安，海澄，廈門，參與清軍對鄭軍的進攻和招撫，公元一六八三年率軍渡海攻占臺灣。

當時，泉州開元寺有個著名的詩僧明光來到廈門。他的到來給普照院帶來新的生機。

明光與當時的名士阮旻錫、葉名高等關係很好，往來非常頻繁，因此，普明寺得到了當時各大名士的支持。

鄉紳太常寺卿林宗把他們家族購買的寺院田地全都歸還給寺院，使普照寺的香燈不滅，振作中興。此後，普照寺的殿堂初具規模。

然而，在明末清初，普照寺卻再次在兵亂中再次被損毀。

公元一六八三年，靖海侯施琅攻下臺灣後駐守廈門，就在普照寺舊址重新修建殿宇，並增建大悲閣，闢為觀音菩薩道場，與浙江普陀山觀音道場相類比，改稱為「南普陀寺」。又聘請臨濟宗三十五世傳人慧日法師為開山第一代祖師。

大悲，佛教語。救人苦難之心，稱為悲；佛、菩薩悲心廣大，故稱為大悲，常與大慈連用。《大智度論》卷二十七：「大慈與一切眾生樂，大悲拔一切眾生苦。」

臨濟宗為禪宗南宗五個主要流派之一，自洪州宗門下分出，始於臨濟義玄大師。義玄大師跟隨黃檗禪寺裡的希運禪師學法三十三年，之後建立臨濟院，後世稱為「臨濟宗」，而黃檗禪寺也因之成為臨濟宗祖庭。

此後，經過歷代的住持僧人如：如淵、景峰、省己、真衷、喜參等，以及興泉永道道尹胡世銓等地方官員，多次募資新修擴建。

公元一八九五年，普陀寺已經建成「三殿七堂」，具備了中等禪寺的規模，在廈門島上的各大佛寺中位居首位。

普陀寺規模宏大，建築面積達到兩萬多平方公尺。從南到北主軸有天王殿、大雄寶殿、大悲殿和藏經閣四座。

大雄寶殿是整個寺院的中心，具有典型閩南佛殿的特點，大殿正中供奉三世尊佛高大的塑像，殿後供奉西方三聖。

大悲殿呈八角形三重飛檐，中間藻井由斗拱層層疊架而成，無一根鐵釘，構造極其精巧。

飛檐是中國傳統建築檐部形式之一，多指屋簷特別是屋角的檐部向上翹起，如飛舉之勢。常用在亭、台、樓、閣、宮殿或廟宇等建築的屋頂轉角處，四角翹伸，形如飛鳥展翅，輕盈活潑，所以也常被稱為飛檐翹角。飛檐是中國建築民族風格的重要表現之一，透過檐部上的這種特殊處理和創造，增添了建築物向上的動感。

藻井為中國傳統建築中室內頂棚的裝飾部分。一般做成向上隆起的井狀，有方形、多邊形或圓形凹面，周圍飾以各種花藻井紋、雕刻和彩繪。多用在宮殿、寺廟中的寶座、佛壇上方最重要部位。古人穴居時，常在穴洞頂部開洞以納光、通風、上下出入。出現房屋後，仍保留這一形式。其外形像個凹進的井，「井」加上藻文飾樣，所以稱為「藻井」。

殿內正中奉祀觀音菩薩，其餘各面為四十八臂觀音，造型優美、姿態多樣。

藏經閣是中軸線上的最高層建築，為歇山重檐式雙層樓閣，一層為法堂，是僧人講經說法的地方；二層為玉佛殿，內供二十八尊緬甸玉佛，並藏有數萬卷古今中外的佛典經書及一些珍貴的文物。

另外還有左右廡廊，鐘樓鼓樓、功德樓、海會樓、普照樓、太虛圖書館、佛學院教室、養正院等。所有這些建築依傍山勢，層層托高，莊嚴肅穆。

後來，又在天王殿南面建有放生池、兩座新建的萬壽塔、兩個涼亭和荷花池等。在兩池之間有七座由釋迦牟尼佛、迦葉佛等七尊佛像組成的七佛塔，萬壽塔高十一層。這些極富南亞佛教建築風格的建築，使南普陀寺的風景更加美麗。

■普陀寺的天王殿

■放生池裡的烏龜

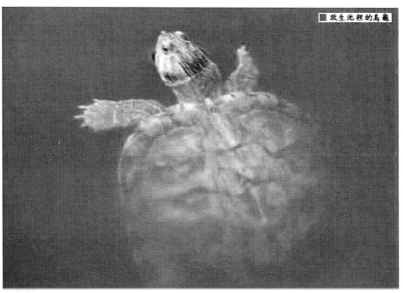

【閱讀連結】

慧日少年時就出家，跟隨平山和尚修行。他二十二歲時，聽說柏子庭法師在赤城，即今浙江省天台縣北設壇講授天台宗，他就跋山涉水，來到赤城，聽柏子庭法師說法。很快，慧日就能憑藉自己的聰明智慧，掌握天台宗教義的要點。

柏子庭法師曾經感慨地說：「即使是從陡峭的山坡上滾石頭的速度，也不足以形容慧日心機的暢達啊！看來，我的學說要靠他來繼承，並發揚光大了啊！」

事實不出柏子庭法師的預料，慧日和尚的名聲越來越大，在天台宗地位越來越高。

南方佛教建築的典型代表

普陀寺地處沿海地區，氣候溫暖，景色宜人，歷來都是中國南亞佛教建築的典型代表。

普陀寺的天王殿也稱彌勒殿，屹立於寺院中軸線最前端，歇山式重檐飛脊，軒昂宏偉。前殿正中供奉笑容可掬的彌勒佛，兩側立有怒目環視的四大天王，殿後有韋陀菩薩覆掌按杵而立，威武異常。

■普陀寺的天王殿

■天王殿內天王像

殿前為入寺正中的大門，兩只威武的大石獅雄踞門廊的東西兩側。

在天王殿兩側，分列魁梧高大、英俊威武的四大天王。四大天王全身金碧輝煌，散發神聖的威嚴。天王殿的屋頂用的是剪瓷藝術，可見建築師的技術十分精湛。

正中彌勒佛慈眉笑眼，耳垂雙肩，袒胸露臍，始終笑容可掬。給人以歡喜信受的美感，殿後韋陀菩薩覆掌按杵而立，威武異常。

彌勒菩薩為佛教八大菩薩之一，大乘佛教經典中又常被稱為阿逸多菩薩，是釋迦牟尼佛的繼任者，常被尊稱為彌勒佛，被唯識學派奉為鼻祖。

彌勒佛在印度是一尊頭戴王冠、身體不胖的坐像，而在中國則成了手拿布袋體貌肥壯的光頭和尚。

據說他雲遊各地，無憂無慮，自由自在，人們怎麼逗他，他總是眉開眼笑、和善待人。

岳林寺位於浙江省奉化縣，建於公元五三六年，當時稱為崇福院，由唐代著名詩人李紳書寫匾額。後來岳林寺在公元八四一至八四六年間被人為損毀，公元八四八年，改稱作岳林寺。

後來他在岳林寺磐石坐化，口中唸唸有詞：

■大雄寶殿內佛像

「彌勒真彌勒，分身千百億，

時時示世人，世人不自識。」

大雄寶殿是寺院的主體中心，公元一九三二年，是由轉逢和尚重新修建的一座重檐歇山頂建築，琉璃石柱，雕梁畫棟，莊嚴肅穆。

琉璃亦作「瑠璃」，用各種顏色的人造水晶為原料，採用古代的青銅脫蠟鑄造法高溫脫蠟而成。色彩流雲漓彩、美輪美奂；品質晶瑩剔透、光彩奪目。琉璃是佛教「七寶」之一、「中國五大名器」之首。中國琉璃生產歷史悠久，最早的文字記載可以追溯到唐代。

大雄寶殿具有典型的閩南佛殿特點。大悲殿呈八角形三重飛檐，中間藻井由斗拱層層迭架而成，無一根鐵釘，構造極其精巧，閩南信眾均崇奉觀音菩薩，所以此殿香火異常鼎盛。

大雄寶殿崇宏雄偉，殿前石庭平舒寬展，正中寶鼎香爐巍立。主殿正中主要供奉過去、現在、未來「三世尊佛」，中間是釋迦牟尼佛像，東邊是藥師佛，西邊是阿彌陀佛。

■迦葉尊者摩訶迦葉，意為飲光。佛陀十大弟子之一，有「頭陀第一」、「上行第一」等稱號。是禪宗第一代祖師。摩訶是大的意思，故摩訶迦葉也常稱大迦葉。又名迦葉波、迦攝波。

釋迦牟尼佛的兩旁，還有兩位尊者，東邊是大弟子迦葉尊者，西邊是堂弟阿難陀尊者，前面是千手千眼觀音像。

大殿是寺院僧眾早晚課誦和法會朝拜參修的殿堂，也是佛門鐘磬長鳴、法燈不滅的核心。大雄寶殿石柱上有副對聯：

■普陀寺的水池

「經始溯唐朝與開元而並古；普光被夏島對太武以增輝。」

這副對聯將寺廟開基的年代和地理位置說得清清楚楚，那就是說寺廟在唐朝就有了。

普陀寺的大雄寶殿整體建築，也充分體現了「閩南佛殿」幾大特色。

屋脊是彎月起翹、紫燕凌空，構造精巧，技藝講究。屋脊嵌有「九鯉化龍」、「麒麟奔走」、「鳳凰展翅」等圖案，都是剪瓷鑲嵌而成。建築材料取材本地花崗岩、青斗石，所有梁、柱、礎、斗拱、欄杆都獨具特色。

■普陀寺的石刻

　　牆壁上裝飾「清影搖風」、「楚江秋吟」等山水花鳥畫，和「神河沐浴」、「六年苦行」等釋迦牟尼誕生故事的連環畫。

　　在大雄寶殿的後面就是大悲殿，大悲殿是普陀寺內最有特色的建築，由明朝惠安王益順設計。後來，在華僑的資助下又重修寶殿。

　　最初的建築全是木質結構，全以斗拱架疊建成，殿內藻井，全用木料斗拱，不用一支鐵釘。然而，由於年代已久，被白蟻侵蝕嚴重，廈門市政府才把木結構換成鋼筋水泥結構，增加了一公尺高度，其餘則保持原貌。

　　大悲殿是一座八角亭式建築，頂部三重飛檐，由下向上逐層向內收縮，每層檐頂都是八角形，角上雕有龍尾。

　　殿頂正中立一座葫蘆寶塔，塔頂兩邊雕著龍頭。整座建築，如巨龍騰空，十分壯觀。

　　大悲殿內供奉四尊觀世音菩薩，正中是一尊是雙臂觀音，端坐在蓮花座上，雙目垂簾，神態安詳。

　　其餘三尊為四十八臂觀音，手上各雕一隻小眼，持多種神器，姿態各異，形神兼備。

藏經閣是兩層文物樓，是後來增建。藏經閣下是法堂，就是僧人講經說法的地方。

藏經樓裡還藏有元朝時期的七佛寶塔、宋代的古鐘、香爐、明代銅鑄八首二十四臂觀音、近代木雕「五兒戲彌勒」、楊木如意，都有較高的文物和藝術價值。

如意於印度梵語中稱「阿娜律」，部分用作佛具。法師講經時，常手持如意一柄，記經文於上，以備遺忘。在中國古代有「搔杖」之意，即不求人，搔之可如意，故稱如意。

藏經樓還有一座舉世罕見的白瓷觀音，是明代福建德化巧匠何朝宗塑造。自古以來德化就是中國主要陶瓷產區之一，產瓷器稱「建白瓷」流傳海外。

何朝宗（公元一五二二年至一六〇〇年），又名何來，生活在明代嘉靖、萬曆年間。是中國明代著名的瓷塑家，出生於福建省德化縣，祖籍是江西。

何朝宗是明代瓷雕名家，擅長雕刻觀音像。他技藝高超又作風嚴謹，一生只雕成十八尊觀音像，南普陀寺收藏的就是其中的一個。

■南普陀寺內的大悲殿

這尊觀音造型別緻，頭髮披肩，神態安然地半坐半躺在山石旁休息，生動逼真，線條流暢自然，是瓷塑藝術中的珍寶。

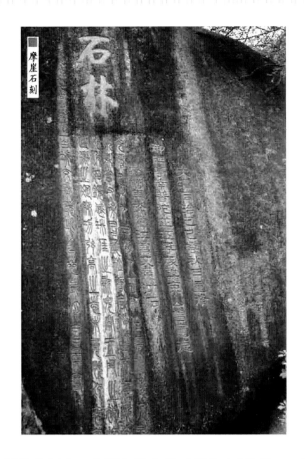

摩崖石刻

在藏經樓所藏佛經中，有影印的宋代《磧砂大藏經》、日本的大正新修《大藏經》一萬三千五百餘卷，以及日譯明版仿宋木刻大藏經。

此外，還有明朝崇禎年間，性旭和尚等人血寶《妙法蓮華經》、弘一法師親書的《佛說阿彌陀經》等。

在藏經閣的後面有多處摩崖石刻，其中有塊大石，鐫刻一個特大的「佛」字，高四公尺多寬三公尺多，粗獷豪放，雄健有力，是中國罕見的石刻。

【閱讀連結】

關於千手千眼觀音，在中國民間還有一個生動的故事傳說：在古時候有個老人，養了三個女兒。有一天，老人得了怪病，他聽別人說想要治好這病，必須用人眼做藥引子。

大女兒和二女兒都不肯挖下自己的眼睛，而小女兒為了治好老人的病甘願獻出自己的眼睛。這件事感動了釋迦牟尼，釋迦牟尼便創造出千手千眼觀音來紀念她。

　　雖然只是傳說，卻體現出佛祖普度眾生的慈悲心懷，表現古人崇尚孝道的傳統美德。

北京名寺　潭柘寺

潭柘寺，位於北京西部門頭溝區的潭柘山麓。寺院坐北朝南，背倚喜馬拉雅山，周圍有九座高大的山峰呈馬蹄形環護，宛如在九條巨龍的擁立之下。

潭柘寺始建於西晉永嘉元年，距今約一千七百年的歷史，民間素有「先有潭柘寺，後有北京城」的說法。寺院初名嘉福寺，清代康熙皇帝賜名為岫雲寺，但因寺後有龍潭，山上有柘樹，故民間一直稱為潭柘寺。

▎佛教傳入北京後的最早廟宇

潭柘寺，位於北京西部門頭溝區東南部的潭柘山麓，距今已有一千七百多年歷史，是北京最古老的寺院。寺院坐北朝南，背倚寶喜馬拉雅山，周圍有九座高大的山峰呈馬蹄形環護，宛如在九條巨龍的擁立之下。

高大的山峰擋住了從西北方襲來的寒流，因此這裡氣候溫暖、濕潤。

寺內古樹參天，佛塔林立，殿宇巍峨，整座寺院建築依地勢而巧妙布局，錯落有致，更有翠竹名花點綴期間，環境極為優美。

■麒麟

　　潭柘寺始建於公元三〇七年，寺院初名嘉福寺，是佛教傳入北京地區後修建最早的一座寺廟。

　　當時，佛教發展緩慢，之後又出現了兩次滅佛事件，故而嘉福寺自建成以後，逐漸破敗。

■潭柘寺碑

　　直到唐武則天萬歲通天年間，佛教華嚴宗高僧華嚴和尚來潭柘寺開山建寺，潭柘寺才成為幽州地區第一座確定了宗派的寺院，潭柘寺才得以興盛起來。

　　幽州古九州及漢十三刺史部之一；原是河北平原北端陸路交通的樞紐。隋唐時為北方的軍事重鎮。唐初期出兵高句麗時，分水陸兩路，陸路也以幽州為後方大本營。唐代中後期，幽州成為了交通中心和商業都會。

■潭柘寺牌坊

　　由於唐武宗李炎崇信道教而排毀佛教，潭柘寺也因此一度荒廢。五代後唐時期，著名的禪宗高僧從實禪師來到潭柘寺整修寺院，才使潭柘寺重新繁盛起來。

　　從實禪師是中國後唐時期最著名的僧人。他曾在幽州城內的大萬壽寺以及潭柘寺內弘揚佛法。據公元一五一一年謝遷的〈重修嘉福寺碑記〉中所記載，後唐時有從實禪師和他的弟子約一千人在此地講法，後來圓寂後，被尊稱為華嚴祖堂。

■ 潭柘寺石牌坊

　　當時的潭柘寺也由華嚴宗改為禪宗。到了遼代，潭柘寺的香火又開始衰微。金代，禪宗有了很大的發展，潭柘寺先後出現了數位禪宗大師。

■元順帝孛兒只斤‧妥懽帖睦爾。元朝第十一位皇帝，也是元朝最後一位皇帝，北元第一位皇帝，廟號惠宗，諡號宣仁普孝皇帝。在位三十七年，享年五十一歲。

公元一一四一年，金熙宗完顏亶於到潭柘寺進香禮佛，並撥款對潭柘寺進行整修和擴建。他開創了皇帝為潭柘寺賜名並由朝廷出資整修潭柘寺的先河。此後，歷代皇帝效仿，繁盛了寺院香火。

金大定年間，皇太子完顏允恭代表他的父親完顏雍到潭柘寺進香禮佛，當時的住持僧重玉禪師為此寫了〈從顯宗幸潭柘〉一詩，記述了當時盛況。公元一一九四年，這首詩鐫刻成碑，立於寺中。

在金代，潭柘寺禪學昌盛。大定初年，竹林寺的開性回潭柘地任住持。隨後，朝廷資助對潭柘寺進行長達十一年的整修和擴建，使潭柘寺煥然一新。

潭柘寺的禪學從此中興，開性也成了金中都地區公認的禪宗臨濟宗的領袖，潭柘寺也成為臨濟宗的中心寺院。

元世祖忽必烈的女兒妙嚴公主為了替父贖罪，來到潭柘寺出家。後來，妙嚴大師終老於寺中，她的墓塔建在寺前的下塔院。

元朝末期的元順帝孛兒只斤·妥歡貼睦爾崇信佛教，特別對潭柘寺極為青睞。元順帝曾請潭柘寺住持雪澗禪師享用御宴，禮遇之高前所未有。

法號道衍的明初重臣姚廣孝，曾在建文帝削藩時，為朱棣出謀劃策，助其奪取皇位。之後，姚廣孝辭官到潭柘寺隱居修行。

據說當年修建北京城時，設計師就是姚廣孝，他從潭柘寺的建築和布局中獲得了不少靈感，北京城的許多地方都是依照潭柘寺的樣子修建的。後來姚廣孝奉旨主持編纂《永樂大典》才離開了潭柘寺。

永樂大典編撰於明代永樂年間，初名《文獻大成》，全書目錄六十卷，正文兩萬兩千八百七十七卷，裝成一萬一千零九十五冊，約三億七千萬字。這一古代文化寶庫彙集了中國古今圖書七、八千種。是中國最著名的一部古代典籍，也是迄今為止世界最大的百科全書。

明代從太祖朱元璋起，歷代皇帝及后妃大多信佛，由朝廷撥款，或由太監捐資對潭柘寺進行多次整修和擴建，使潭柘寺的格局基本確立。

潭柘寺在明朝成為對外交流的窗口，許多外國人久慕潭柘寺的盛名，紛紛到此學習佛法，有的甚至終老於此，其中最著名的有日本的無初德始、東印度的底哇答思和西印度的連公大和尚等人。

■潭柘寺千佛殿

■北京潭柘寺

公元一五九五年，達觀大師奉神宗皇帝朱翊鈞之命，任潭柘寺的欽命住持。在此期間，由萬曆皇帝的母親慈聖宣文明肅皇太后出資，對潭柘寺進行

了大規模的整修。達觀大師與朝廷關係密切，經常奉詔進宮為皇室講經說法，進一步加深了潭柘寺與朝廷的聯繫。

明朝宣德年間，孝誠張皇后資助，對潭柘寺進行了整修和擴建。公元一四九七年，明孝宗撥款，對潭柘寺再次進行了整修和擴建。

震寰和尚震寰律師，震寰、名照福，孟姓，是清時潭柘寺欽命重開山第一代住持。最初依延禧寺名馳剃染，受具戒於廣濟寺的萬鐘律師，精進潛修，究求律學，聲望極高。震寰律師深受康熙皇帝的器重，康熙曾三次來到潭柘寺，並作詩稱讚震寰律師。

公元一五〇七年，潭柘寺又進行了整修，再一次擴大了寺院的規模。公元一五九四年，孝定皇太后出資，整修潭柘寺，建造方丈院等房舍八十餘間。

公元一六八六年，康熙皇帝降旨，命廣濟寺的住持，僧律宗大師震寰和尚，擔任潭柘寺的住持。當年秋天，康熙皇帝駕臨潭柘寺進香禮佛，留住數日，賞賜給潭柘寺御書經卷、觀音像等無數。

公元一六九二年，康熙皇帝親撥庫銀，整修潭柘寺，整修殿堂三百餘間，使這座古剎又換新顏。

公元一六九七年，康熙賜寺名為「敕建岫雲禪寺」，並親筆題寫寺額，從此潭柘寺就成為北京地區最大的一座皇家寺院。

第二年，康熙為牌樓親題匾額，並賜給潭柘寺桂花十二桶和龍鬚竹八槓。

公元一六八四年，康熙皇帝命著名的律宗高僧止安律師為潭柘寺的欽命住持，並賜給潭柘寺鍍金劍光吻帶四條，安裝在大雄寶殿的殿頂上，現今這四條金光閃閃的吻帶依然完好如初。

清雍正年間，雍正皇帝也專程到潭柘寺進香禮佛。公元一七四二年，乾隆皇帝第一次遊幸潭柘寺，賜物無數，墨寶無數。後來，乾隆皇帝把御筆心經和自己手書的詩篇賜給了潭柘寺。

嘉慶皇帝崇信佛教，也曾到潭柘寺進香禮佛，留存後世〈初遊潭柘岫雲寺作〉五言詩一首。

【閱讀連結】

關於潭柘寺寺名的由來還有一個傳說：

當年，華嚴宗高僧華嚴和尚在幽州開山立宗，去找幽州都督張仁願，向他徵求建寺的地點。

張仁願把當地兩位大地主叫來協商。華嚴祖師說：「兩位施主可否割一毯之地給我？」

二人應允。

華嚴祖師就把手中布毯往空中一拋，只見布毯在空中越來越大且遲遲不落地，眾人目瞪口呆。

不一會，布毯已經大到遮天蔽日了，再看兩個地主早已經面如土色，連忙喊：「夠了，夠了！請大師慈悲，不要讓它再大了！」

華嚴祖師含笑看了二人一眼說：「落」！於是毯子就落了下來，直直蓋住了好幾座大山。

張仁願對兩人道：「這一毯之地就讓與華嚴大師，二位可不要反悔。」二人一看真佛在此，都不敢反悔了。

於是華嚴祖師就在此地以破敗的嘉福寺為中心，重建寺廟。修築殿宇，擴建寺院。

因寺院後山有兩股豐盛的泉水，一眼名為龍泉，一眼名為泓泉，兩股泉水在後山的龍潭合流後，流經寺院，向南流去，不僅滿足了寺院日常的生活用水，而且還可能灌溉附近大片的土地農田，故華嚴大師命名此寺為「龍泉寺」。

後來，華嚴祖師以一毯之地建寺的大神通卻廣為流傳，當地人都私下稱此寺為「毯遮寺」。後經千年，「毯遮寺」就逐漸演變為「潭柘寺」。

▌最為龐大嚴謹的皇家寺院

潭柘寺的寺院建築規模龐大，錯落有致。整體布局嚴謹有序，不愧為皇家寺院。

寺院坐北朝南，主要建築可分為中、東、西三路，中路主體建築主要有山門、天王殿、大雄寶殿、齋堂和毗盧閣。東路有方丈院、延清閣、行宮院、萬壽宮和太后宮等。西路曾有愣嚴壇現已不存、戒台和觀音殿等。

此外，還有位於山門外山坡上的安樂堂和上、下塔院以及建於後山的少師靜室、歇心亭、龍潭、御碑等。塔院中共有七十一座埋葬和尚的磚塔或者石塔。

▌天王殿彌勒佛像

　　山門外是一座三樓四柱的木牌坊，牌樓前有兩棵古松，枝葉相互搭攏。牌樓前有一對石獅，雄壯威武。過了牌坊就是一座單孔的石拱橋，名懷遠橋，過橋就是山門。

　　天王殿殿中供奉彌勒像，背面供韋馱像，兩側塑有高約三公尺的四大天王神像。天王殿兩旁為鐘鼓樓，後面是大雄寶殿。

■阿難又稱阿難陀，王舍城人，佛陀的堂弟，十九歲時就因聰慧過人，記憶力強成為佛陀的侍者。阿難侍奉佛陀二十七年，跟著佛陀到各地傳道。他是佛陀釋迦牟尼十大弟子中的一位，被稱為多聞第一。據說他繼承摩訶迦葉之後，成為僧團的領導者。

　　大雄寶殿面闊五間，上檐額題「清靜莊嚴」，下檐額題「福海珠輪」。正脊兩端各有一巨型碧綠的琉璃鴟吻，上繫金光閃閃的鎏金長鏈。殿內正中供奉碩大的佛祖塑像，塑像後面背光上雕飾有大鵬金翅鳥、龍女、獅、象、羊、火焰紋等。佛像左右分立阿難、伽葉像。

　　大雄寶殿後面就是齋堂院，是和尚們吃飯的地方，堂後有三聖殿，但這兩座殿都在後來被拆除，只剩下兩棵高大的娑羅樹和兩株銀杏樹。中軸線終點是一座樓閣式的建築，名毗盧閣，站在閣上縱目遠眺，寺廟及遠山盡收眼底。

　　寺院東路由庭院式建築組成，有方丈院、延清閣和清代皇帝的行宮院，主要建築有萬壽宮、太后宮等。院中幽靜雅緻、流泉淙淙，頗有江南園林的意境。院內還有流杯亭一座，名猗軒亭。

　　寺院西路大多是寺院式的殿堂，主要建築有戒壇、觀音殿和龍王殿等，一層層排列，瑰麗堂皇。

　　鴟吻也叫鴟尾、鴟吻或螭吻，是龍生九子中的兒子之一，好吞食。後來成為殿脊的獸頭之形，是用泥土燒製而成的小獸。這個裝飾現在一直沿用下來，在古建中，「五脊六獸」只有官家才能擁有。

　　戒壇是和尚們受戒之處，台上有釋迦牟尼像，像前有三把椅子，兩側各有一長凳，是三師七證的坐處；觀音殿是全寺最高處，上有乾隆手書蓮界慈航，內供觀世音菩薩。

　　三師為七證三師與七證師的並稱，指僧尼受具足戒時，戒場必須具足的戒師人數，又稱十師、十僧。三師是正授戒律的和尚得戒和尚、讀羯磨文的阿闍梨，主持白四羯磨授戒儀式的羯摩和尚、教授威儀作法，為眾人引導開解的教授和尚。七證師則是證明受戒的莅會比丘。

　　潭柘寺古蹟文物眾多，鍍金鴟帶、金代詩碣、清代肉身佛，神奇的石魚都是難得一見的文物珍品。

肉身佛即肉身舍利，是佛教一個特有的現象。指修行到一定境界後，身體會與世不朽，永存世間，在佛教中認為其是精神力量的作用。肉身舍利的肉身，原意是父母所生的血肉之軀，而在佛教中則指「全身舍利」。

　　潭柘寺大雄寶殿正脊兩端各有一巨型碧綠的琉璃鴟吻，是元代遺物。

　　寺院東路的猗軒亭內巨大的漢白玉石基上雕琢有彎彎曲曲的蟠龍形水道，當泉水流過時，放入帶耳的酒杯，任其隨水飄浮旋轉，止於某處，取而飲之，並飲酒作詩，這就是中國古代有名的「曲水流觴」的傳統習俗。

　　潭柘寺中鎮有二寶。一件是寶鍋，一件是石魚。寶鍋位於天王殿前，是一口銅鍋，直徑一點八公尺、深一點一公尺，為和尚們炒菜專用鍋。在東跨院北房還有一口更大的鍋，直徑四公尺，深二公尺，一次煮粥能放十石米，需十六個小時才能煮熟。

■潭柘寺戒壇

■潭柘寺石魚

關於這兩口鍋，還有「潑砂不漏米」之說。原來，鍋底有「容砂器」，隨著熬粥時的不斷攪動，砂石會沉入鍋底的凹陷處。

石魚位於潭柘寺觀音殿西側，龍王殿的殿前廊上，長一點七公尺、重一百五十公斤。看似銅，實為石，敲擊可發出五音。

傳說是南海龍宮之寶，被龍王送給玉帝。後來人間大旱，玉帝送給潭柘寺消災。一夜，急風暴雨，石魚從天而降，掉在院中。據說石魚身上十三個部位代表十三個省，哪省有旱情，敲擊該省部位便可降雨。現在寺中的石魚是後人複製的。

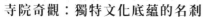

■ 龍王殿的龍王

　　潭柘寺作為北京地區的古剎名寺，歷史上遊客雲集，香火極盛。

　　從金代起，上至朝廷百官，下至平民百姓來此寺者數不勝數。特別是從明代之後，潭柘寺成了京城百姓春遊的一個固定場所。

　　潭柘寺地處深山，交通不便，在歷史上曾形成多條古道，從不同方向通往潭柘寺。這些古道歷經成百上千年，為潭柘寺的對外交往發揮了巨大作用。

　　潭柘寺主要有蘆潭古道、龐潭古道、新潭古道、門潭古道和潭王古道。

【閱讀連結】

在潭柘寺大雄寶殿正脊的兩端各有一巨型碧綠的琉璃鴟吻，據說這對琉璃鴟吻是元代遺物。

鴟吻在寺院中是作為鎮物出現的，傳說是龍生九子之一。按照中國五行的說法，鴟吻屬水，克火，因而，將其放置在屋脊是為了鎮免火災。

據說，康熙皇帝初到潭柘寺時，看見鴟吻躍躍欲動，大有破空飛走之勢，於是命人打造金鏈將牠鎖住。而後又在上面插上一隻寶劍，人們所見到的鴟吻上「鍍金劍光吻帶」就是康熙皇帝所賜。

香山名寺　碧雲寺

碧雲寺位於北京海淀區香山公園北側，西山餘脈聚寶山東麓，是一組布局緊湊、保存完好的園林式寺廟。創建於元代，後經明、清擴建，始具今日規模。

寺院坐西朝東，依山勢而建造。因寺院依山勢逐漸高起，為不使總體布局景露無遺，故而採用迴旋串連引人入勝的建造形式。其中立於山門前的一對石獅、哼哈二將，殿中的泥質彩塑以及彌勒佛殿山牆上的壁塑皆為明代藝術珍品。

▌被歷代視為風水寶地的寺院

碧雲寺位於北京海淀區香山公園北側，西山餘脈聚寶山東麓，是一組布局緊湊、保存完好的園林式寺廟。創建於公元一三三一年，後經明、清兩朝擴建，始具今日的規模。寺院坐西朝東，依山勢而建造。

整個寺院布置，以排列整齊的六進院落為主體，南北各配一組院落，院落採用各自封築手法，層層殿堂依山疊起，三百多級階梯式地勢而形成的特殊的建築布局。

因寺院依山勢逐漸高起，為不使總體布局景露無遺，故而採用迴旋串連引人入勝的建造形式。

公元一五一六年，也就是明武宗正德年間，一個叫于經的御馬太監看中了此地的風水，認為是一塊寶地。於是在此擴建了碧雲寺，並在後山上挖建墓穴，在塚上種植了青松作為死後葬身之所。

據說這種做法叫做「青松壓頂」，實際上也是墓葬的一種標記。大概是因為有過這樣一段歷史，當地的人們都把這座寺稱為「于公寺」；然而，墓還沒有挖好，他便因貪汙事發而入獄，死於獄中。他葬在於于公寺的希望也就落空了。

■香山碧雲寺

　　公元一六二三年，魏忠賢也看中這塊寶地，再度擴建碧雲寺，又在於經墓壙的屋礎上加工擴建，打算作為自己將來的墓地。但五年後，魏忠賢也獲罪，墓穴因此而被廢棄。

　　魏忠賢為明末宦官，明熹宗即位後，開始平步青雲，拉開了中國歷史上最昏暗的宦官專權序幕。他自稱九千歲，排除異己，專斷國政，以致於人們「只知有忠賢，而不知有皇上」。明崇禎繼位後，打擊懲治了閹黨，治魏忠賢十大罪，命人逮捕法辦，自縊而亡。

　　崇禎初年，魏忠賢自縊，也不能葬於此地。魏忠賢的黨羽葛九思，公元一六四四年隨清軍入京，將魏之衣冠葬在墓中，成為魏的衣冠塚。

　　直到公元一七〇四年，江南道監察御史奉命巡視西山時，最初以為這座墓是前朝皇帝的陵寢，後來經考證才知道是魏墳。於是，他便上奏給皇帝，朝廷下詔，令其平墳。

　　到了清代，綺麗壯觀的碧雲寺吸引了清朝帝王和后妃們的目光。公元一七四八年，清政府對碧雲寺進行了大規模的修建。在保存原有寺院的基礎上，又在寺後墓壙所在地新建金剛寶座塔，在寺的右側增建羅漢堂，寺的左

側新建行宮院。由於對原有建築沒有較大的變動，因此整座寺院的建築和文物基本保留了明代的風格。

■山門前的石獅子

經過這兩次的擴建，富有明代建築特點的碧雲寺已經初步形成規模。

碧雲寺山門前有石橋一座，緊靠山門是一對石獅子，蹲坐於須彌座上，身軀瘦長，威武如生。

十八羅漢是指佛教傳說中十八位永住世間、護持正法的阿羅漢，由十六羅漢加二尊者組成。他們都是歷史人物，都是釋迦牟尼的弟子。十六羅漢主要流行於唐代，唐代末年出現十八羅漢，到宋代便普遍流行。

石獅為魏忠賢所造，是極有藝術性的明代石雕。山門迎面是哼哈二將殿。

在北京香山碧雲寺明代大太監魏忠賢生前自建的生壙遺址處，有一對鎮墓獸。據文物專家推斷，這是魏忠賢的遺物，也是魏墓被毀之後倖存物之一。

這對石獸的形制和風格與一般的鎮墓獸有很多不同之處，它們的形像不像獅子、老虎，也不是麒麟和蟲豸。

從這對石獸明追古制、暗仿帝陵、似是而非的做法可以斷定，魏忠賢雖然專橫弄權，但也不是無所顧忌。他對於自己生壙的營造，還是掩蓋自己的僭越禮制。

經歷了若干年的變遷之後，當年魏忠賢衣冠塚中的遺物已經蕩然無存，這也使得這對新發現的鎮墓獸更具文物價值。

殿坐西朝東，面闊三間，灰色的歇山瓦頂，檐下以斗拱作為裝飾。有兩座高約五公尺的泥質彩塑像，分別立於大殿兩側，形象逼真，色彩鮮明，體態剛勁，是一對價值極高的藝術品。

哼哈二將殿的兩側分列鐘樓和鼓樓，形成第一進院落。這座院落的正殿是彌勒佛殿，原有四大天王像，在北洋軍閥時期被毀後，殿內就只剩彌勒佛像。在殿前設有月台，台上矗立兩座八棱經幢，上面遍刻經咒。

■大雄寶殿內的釋迦牟尼

寺廟大雄寶殿正中供奉釋迦牟尼坐像，左有迦葉尊者和文殊菩薩，右有阿難尊者和普賢菩薩。

山牆上的壁塑放置姿態各異、形象活潑的彩塑十八羅漢和《西遊記》中唐僧取經的神怪故事。

唐僧是漢傳佛教史上最偉大的譯經師之一，中國佛教法相唯識宗的創始人。俗姓陳，名禕，出生於洛陽。公元六二九年，玄奘從長安出發，歷經艱難抵達天竺，遊學於天竺各地。

公元六四五年回到長安，在大慈恩寺等寺院進行研究和翻譯佛經，直到圓寂，弟子輯其口述為《大唐西域記》。

在立體雕塑上呈現出一派雲山縹緲的境界，既有立體感又有真實感，堪稱是明代藝術的珍品。

釋迦牟尼塑像的後面是觀音菩薩以及善財、龍王、龍女、韋陀等像，四周襯以觀音菩薩懸塑，以及山石雲海等，同前殿渾然整體。大殿後有八角形碑亭，碑亭內立有清代乾隆皇帝御筆石碑，記述乾隆十二至十四年間重修碧雲寺的情況。

第三進院落以菩薩殿為主體，面闊三間，歇山大脊，前出廊，檐下裝飾有斗拱，匾額上為乾隆御筆「靜演三車」。

殿內供奉五尊泥塑彩繪菩薩像，正中是觀音菩薩，左邊是文殊菩薩和大勢至菩薩，右邊是普賢菩薩和地藏菩薩。

東西兩面牆壁塑有二十四諸天神和福、祿、壽、喜四星像。塑像四周也有雲山懸塑和小型佛教的故事雕塑。

■寺內雕塑

寺院內古樹參天，枝葉繁茂。其中娑羅樹最為珍貴，此樹原產自印度，樹頂像曲傘，枝幹盤曲，葉片長圓，形狀恰似棗核，每岔有五葉或七葉，故

又稱為「七葉樹」。傳說，佛祖釋迦牟尼就是在娑羅樹下寂滅的，娑羅樹因而成為佛門之寶。

娑羅樹是佛教聖樹之一。產於印度及馬來半島雨林之中，是龍腦香科娑羅樹屬，多年生喬木。樹身高大，表面光滑，花淡黃色。因為氣味芳香，木材堅固，可以用來製作家具或建材，又可供作藥用或香料。

在第三重院內設有孫中山紀念堂。紀念堂面闊五間，山牆後鑲嵌漢白玉石刻碑，大理石須彌座上雕刻有各種花紋，白底金字，上書〈孫中山先生致蘇聯書〉。

菩薩殿的菩薩像

正門上方懸掛紅底金字木匾，上為宋慶齡手書「孫中山先生紀念堂」。正廳設孫中山半身塑像，塑像右側停放公元一九二五年蘇聯所贈的玻璃蓋鋼棺一口。

【閱讀連結】

魏忠賢生前自建的一對鎮墓獸，雖然雕鑿於明代，但是它們的風格很明顯是借鑑了前代的一些作品。

　　無論戰國時期，河北中山王墓中的青銅錯銀雙翼神獸，還是南朝時期，至今存在南京周圍的一些帝王陵寢上的鎮墓獸，在這對石獸的身上，都或多或少能找出模仿的痕跡。

　　雖然這對石獸出現在北京，但它明顯吸納了中國南方地區類似石獸的特點，雕法簡潔，制式化中也有自由發揮的雕鑿技法。

建於寺中最高點的金剛寶座塔

　　塔院位於寺院最後，院內南部有雕工精緻的漢白玉石牌坊，牌坊兩側各有「八」字形石雕照壁，照壁正面刻有八個歷史人物浮雕，並有題名。

　　照壁是中國傳統建築特有的一部分。明代特別流行。是指建在大門內的封鎖物。古人稱為蕭牆。古人認為自己宅中不斷有鬼來訪，修上一堵牆，以斷鬼的來路。因為據說小鬼只走直線，不會轉彎。

　　左有藺相如為節，李密為孝，諸葛亮為忠，陶淵明為廉；右有狄仁杰為孝，文天祥為忠，趙璧為廉，謝玄為節。

■碧雲寺的金剛寶座塔

　　在照壁小額枋上刻有八個大字，左為「清誠貫日」，右為「節義凌霄」。石牌坊後有兩個八角形碑亭，南北相對，亭內放有乾隆御製金剛寶座塔碑，左亭內為滿、蒙文，右亭內為漢、藏文。

　　金剛寶座塔位於全寺最高點，建於公元一七四八年，是仿照北京五塔寺的形狀建造的。這種塔北京地區有三座，另兩座分別是西黃寺的清淨化城塔和真覺寺的金剛寶座塔。

■碧雲寺金剛寶座塔

碧雲寺金剛寶座塔分塔基、寶座和塔身三層。塔基呈方形，磚石結構，外以虎皮石包砌，台基兩側有石雕護欄。塔身全部為漢白玉石砌成，四邊還雕刻有藏傳佛教的傳統佛像。

塔基正中開券洞，券牆上有一漢白玉石匾額，上書金字「孫中山先生衣冠塚」。券洞兩旁雕有佛像和獸頭形紋飾，券洞上額匾書「燈在菩提」。

券門內登石階可以到達最上層寶座頂，寶座上有七座石塔，分別為一座屋形方塔，一座圓形佛塔，另有五座十三層密檐方塔，中央一大塔，四角各有一小塔。這是一種獨特的建築形式，是曼陀羅的一種特殊變體。

曼陀羅是梵語譯音，意為「壇城」，後來演變成象徵性圖案。按照藏傳佛教之意，井字中央是須彌山，四周分布水、陸、山、佛。五座佛塔基座均為須彌座，塔肚四面刻有佛像。

曼陀羅是藏傳佛教術語。指一切聖賢、一切功德的聚集之處。供曼陀羅是積聚福德與智慧最圓滿而巧妙的方法，以曼陀羅的形式來供養整個宇宙，是很多方法中最快速，最圓滿的。是僧人和藏民修習祕法時的「心中宇宙圖」。

塔肚之上用十三層相輪組成塔頸，最後為銅質塔剎。塔剎中央鑄有八卦，四周垂有花縵。塔剎上端又立一小塔，上有「眼光門」，門內有佛。

主塔後植有一株蒼勁古松。整個金剛寶座塔布滿大小佛像、天王、龍鳳獅象和雲紋等精緻浮雕，都是根據西藏地區傳統雕像而刻造的。

碧雲寺中軸線的左右兩側還有兩組建築，左邊是羅漢堂，右邊是水泉院。

羅漢堂仿杭州淨慈寺。羅漢堂有雕像五百零八尊，全是木質雕刻，外覆金箔。

羅漢堂頂部正中聳立著象徵西方淨土的寶塔和樓閣。正門內塑有四大天王，中心是三世佛。四面通道上各立有塑像一尊，東為韋馱，西為彌陀佛，南為地藏菩薩，北為瘋僧。

三世佛是大乘佛教的主要崇敬對象，俗稱三寶佛。根據印度哲學，時間和空間是混淆的，因此三世佛還被分為橫三世佛和縱三世佛。橫三世佛指中央釋迦牟尼佛、東方藥師佛和西方阿彌陀佛。縱三世佛是指過去佛燃燈佛、現在佛釋迦牟尼佛和未來佛彌勒佛。

■淨慈寺是杭州西湖歷史上四大古剎之一。淨慈寺在南屏山慧日峰下，是公元九五四年五代吳越國錢弘俶為高僧永明禪師而建，原名永明禪院。寺院屢毀屢建，南宋時改稱淨慈寺，並建造了五百羅漢堂。因為寺內鐘聲宏亮，「南屏晚鐘」成為西湖十景之一。

■羅漢堂的羅漢像

羅漢堂裡五百羅漢按順序排列，坐像高約一點五公尺，身材大小與常人無異，姿態各異，形象生動，有的閉目靜坐，有的低頭微笑，有的袒胸露腹，有的老態龍鍾……

五百羅漢的形象，可以說是佛教雕塑藝術的集錦。令人深思的是這五百羅漢中竟有乾隆皇帝的塑像，第四百四十四尊羅漢頂盔掛甲，一派英武的戎裝打扮，它正是乾隆皇帝的羅漢造像。將皇帝塑成羅漢，一方面意在宣揚「君權神授」，另一方面也有歌頌乾隆盛世的用意。

水泉院是碧雲寺內風景清幽的好去處，院內松柏參天，最有名的是三代樹。

這是一株較奇特的古樹，柏樹中又套長一株柏樹，最裡層長著一株楝樹，三樹共同生活了數百年。

院中還有一天然流泉，名「水泉」，又稱「卓錫泉」。泉水自石縫中流出，匯而為池，泉水甘甜爽口。泉水旁邊是用太湖石堆疊而成的假山。花木、泉水、假山構成了一座優美、幽靜的庭院花園。

公元二〇〇一年，碧雲寺作為明、清古建築，被中國國務院批准列入第五批全國重點文物保護單位名單。

【閱讀連結】

　　傳說在碧雲寺羅漢堂內的瘋僧塑像，指的就是靈隱寺裡那個曾經嘲諷秦檜的瘋和尚，而北面屋梁上蹲著的濟公塑像，在中國民間更有一段有趣的傳說：

　　傳說在羅漢堂排位的那天，濟公很早就來到了碧雲寺，但當時寺院的大門還沒有打開。正巧這時，濟公看到一個花花公子正在強搶民女。濟公見狀，打抱不平之心頓起，使用法術救了民女；但等到濟公回到碧雲寺時，所有的座位都已經被眾位神仙占滿，他也就只好把屋梁當成了座位。

國家圖書館出版品預行編目（CIP）資料

寺院奇觀：獨特文化底蘊的名剎 / 高永立 編著 . -- 第一版 .
-- 臺北市：崧燁文化，2019.11
　　面；　公分
POD 版

ISBN 978-986-516-155-2(平裝)

1. 寺院 2. 中國

227.2　　　　　　　　　　　　　　　　　108018724

書　　　名：寺院奇觀：獨特文化底蘊的名剎

作　　　者：高永立 編著

發 行 人：黃振庭

出 版 者：崧燁文化事業有限公司

發 行 者：崧燁文化事業有限公司

E - m a i l：sonbookservice@gmail.com

粉 絲 頁：　　　　　　網 址：

地　　　址：台北市中正區重慶南路一段六十一號八樓 815 室

8F.-815, No.61, Sec. 1, Chongqing S. Rd., Zhongzheng

Dist., Taipei City 100, Taiwan (R.O.C.)

電　　　話：(02)2370-3310 傳　真：(02) 2388-1990

總 經 銷：紅螞蟻圖書有限公司

地　　　址: 台北市內湖區舊宗路二段 121 巷 19 號

電　　　話:02-2795-3656 傳真 :02-2795-4100　　網址：

印　　　刷：京峯彩色印刷有限公司（京峰數位）

定　　　價：299 元

發行日期：2019 年 11 月第一版

◎ 本書以 POD 印製發行